定向培养士官生系列教材

定向培养士官生
体能训练教程

DINGXIANG PEIYANG SHIGUANSHENG
TINENG XUNLIAN JIAOCHENG

主　编　莫　铭　田祖国　张希跃

副主编　王　俊　曹志刚　杨新超

参编人员（排名不分先后）

莫　铭　田祖国　张希跃　王　俊　曹志刚

杨新超　刘俊利　杨　进　李云鹏　刘　倩

王　硕　杨琳琳　宋靓雯　陈文龙　李　鲜

杨志强　俞晓萌　尹　岳　杨　烨　徐旭寅

唐明伟　李　峰　张　清　邹静芸

主　审　朱国军

湖南大学出版社·长沙

HUNAN UNIVERSITY PRESS

内 容 简 介

本书分为体能训练理论、体能训练实践和训练指导与身体评定三编，共十三章。主要包括力量素质、速度素质、耐力素质、灵敏素质、柔韧素质等身体素质训练的基本动作过程、技术要领、训练强度及频率，训练计划的制订、常见伤病及其预防措施、运动处方的实施、身体素质评定和身体肌能评定等内容。

本书既可以作为定向培养士官生体育课程教学用书，也可以作为定向培养士官生体能训练参考书。

图书在版编目（CIP）数据

定向培养士官生体能训练教程/莫铭，田祖国，张希跃主编 . —长沙：湖南大学出版社，2020.9（2025.1重印）

ISBN 978-7-5667-2018-4

Ⅰ.①定… Ⅱ.①莫… ②田… ③张… Ⅲ.①军事体育—教材 Ⅳ.①G873

中国版本图书馆 CIP 数据核字（2020）第 160778 号

定向培养士官生体能训练教程
DINGXIANG PEIYANG SHIGUANSHENG TINENG XUNLIAN JIAOCHENG

主　　编：莫　铭　田祖国　张希跃
责任编辑：张建平
印　　装：长沙市雅高彩印有限公司
开　　本：787 mm×1092 mm　1/16　　印　张：14.25　字　数：374 千字
版　　次：2020 年 9 月第 1 版　　　　印　次：2025 年 1 月第 4 次印刷
书　　号：ISBN 978-7-5667-2018-4
定　　价：65.00 元

出 版 人：李文邦
出版发行：湖南大学出版社
社　　址：湖南·长沙·岳麓山　　　　邮　编：410082
电　　话：0731-88822559（营销部），88821315（编辑室），88821006（出版部）
传　　真：0731-88822264（总编室）
网　　址：http://press.hnu.edu.cn
电子邮箱：274398748@qq.com

前　言

定向培养士官生是作为各军种部队联合地方院校依托院校专业优势，由部队提供岗位专业需求、军地联合培养的全新专业军士培养模式下的准专业军人。定向培养士官生兼具文化学习、专业技能掌握、专业岗位适应等特定学习任务。地方院校招收定向培养士官生与军队进行联合培养模式成为军队士官人才培养的摇篮与渠道，是贯彻习近平主席强军思想和军民融合国家战略的重要举措。

体能训练是体育教学的课堂延伸和行动实践，是提高定向培养士官生身体素质和心理素质的基本途径，是培育其意志品质和战斗作风的有效手段，是促进人与专业装备有机结合、增强岗位技能的重要环节，是定向培养士官生院校培养体系的重要组成部分。体能训练课程学习，有助于广大定向培养士官生掌握基本运动技能和基本训练理念与方法、了解身体健康自我诊断的基本知识，最终养成自我锻炼的习惯，进而达到提升身体素质水平、掌握体育锻炼基本技能的培养目标。系统的体能训练，能促进定向培养士官生体质水平全面提高、体能素质均衡发展、体育实用技能提高、适应特殊环境的能力增强、训练伤病发生率下降。

本教材具有如下特点：

（1）根据定向士官生培养体系及部队需求，结合部队训练内容及特点，实现学校培养与部队训练无缝对接，在撰写思路上有较强的针对性。

（2）结合定向士官生培养方案，根据学期培养计划及进度要求，从易到难、避繁就简、由点及面，在撰写内容上有高度的统筹性。

（3）总结归纳出不同军种、不同专业、不同培养模式下士官生培养需求的共同点，共性地提炼出教材内容，使之能满足全国士官生专业教材需求，从内容上具有较好的通用性。

本书内容上指向明确，在强调定向培养士官生培养背景下注重实际应用，不断吸收优化定向培养士官生的体育教学与训练内容，重点阐述了定向培养士官生基本技能训练、自我锻炼习惯养成与综合能力提升等方面。

本书根据定向培养士官生身体素质提升方法与原则、项目训练与规律，按照身体素质归类方法，在不断梳理其共性的基础上，从训练方法、项目训练、辅助与纠正等方面展开，是体育课程教材撰写的一种全新的尝试。

本书由朱国军主审，莫铭、田祖国、张希跃担任主编，王俊、曹志刚、杨新超担任副主编。参加编写的成员有：长沙航空职业技术学院张希跃、王俊、曹志刚、莫铭、尹岳、杨烨、徐旭寅、唐明伟、李峰、张清、邹静芸，湖南大学田祖国、杨进、李云鹏、刘倩、王硕、杨琳琳、宋靓雯、陈文龙、李鲜、杨志强、俞晓萌，湖南师范大学刘俊利，山东信息职业技术学院杨新超。全书由莫铭、田祖国统稿。此外，湖南大学李云鹏、刘倩、杨琳琳，湖南师范大学史润发、周露，长沙航空职业技术学院董明明、邹伟龙等人参与视频与图片拍摄工作，在此一并致谢。

希望本书的出版能为我国定向培养士官生体能训练教材建设添砖加瓦，加快定向培养士官生体育这个全新领域的研究与开发进程，将定向培养士官生体育教育推向一个新高度，为实现中华民族复兴之梦尽绵薄之力！

由于编写时间仓促，不妥之处恳请读者批评指正。

编　者

2020 年 8 月 15 日于长沙

目　次

第三编　训练指导与身体评定

第一章　定向培养士官生体能训练概述

定向培养士官生体能训练是定向培养士官生体育的重要组成部分，它是运用教育学、运动训练学、运动生理学等相关学科的基础理论，针对定向培养士官生体能训练的特点，揭示训练的普遍规律，指导训练实践的一门课程。它的任务就是研究定向培养士官生体育训练的基本理论与实践，进一步明确信息化战争背景下准军人体能素质的基本要求，探索科学训练方法，为提高定向培养士官生体育训练水平和实现科学组织训练提供理论依据。

定向培养士官生体能训练是以各种身体练习为基本手段，以有效改善定向培养士官生身心健康，全面提高身体素质水平为目的的有组织、有计划地实施教学和训练的活动过程。要实现增强体质、体能水平，磨炼意志品质的目标，定向培养士官生训练必须建立在科学性和有效性的基础上，必须掌握运动训练规律和运动训练原理，遵循科学的训练原则和方法。

本章主要从定向培养士官生相关概念的界定、定向培养士官生体能训练的特征与功能、定向培养士官生体能训练的现状与发展趋势三个方面进行阐述。

第一节　定向培养士官生体能训练相关概念

一、体能

"体能"一词在英语中相对应的词是"physical stamina"，"stamina"的原意是持久力、耐力或耐心，两词合并之意为好体力。我国港、澳、台地区将"physical fitness"译为体适能。香港学者钟伯光将体适能分为身体适能和心理适能，身体适能包括与健康相关的体适能和与运动相关的体适能，与运动相关的体适能主要有爆发力、速度、耐力、柔韧和敏捷等。对身体适能的这种界义与我们对体能的理解比较接近。

《体育词典》对体能的定义为：体能是人体各器官系统的机能在体育活动中表现出来的能力，体能由身体素质（力量、速度、灵敏、耐力和柔韧等）和人体基本活动能力（走、跑、跳、投、攀登、爬越、悬垂和支撑等）两部分组成。长期以来，许多运动训练理论工作者及广大教练员将体能训练看作是单纯的身体训练，一直用身体训练来替代体能训练，这种状况直到 20 世纪末才有了转变。董国珍认为："体能指运动员机体的基本运动能力，是运动员竞技能力的组成部分。"体能由身体形态、机能、素质三个因素构成，彼此相互制约、相互影响，其中运动素质是体能的外在表现，所以在运动训练中多以发展各种运动素质为身体训练的基本内容。柳伯力将体能定义为："体能是指运动员为提高运动技战术水平和创造优异运动成绩所必需的各种运动能力的综合。"这些能力包括运动员的身体形态、身体机能、身体健康和运动素质，其中运动素质是最重要的身体运动能力，而身体形态、身体机能和身体健康是形成良好运动素质的基础能力。

以上研究均从运动训练学角度出发来阐述体能的概念，都明确指出了体能是经过有目的的训练后所获得的身体运动能力。这是应该肯定的，然而我们要说明的是，体能并不只是在体育运动中才表现出来，可以说在从事任何职业的人身上都有体现，经过训练可以提高，可以朝着预设方向发展。因此，从广义的角度来理解，我们拟将体能表述为机体经过训练所获得的综合运动能力，它包括身体形态、身体机能和运动素质。

二、定向培养士官生体能

定向培养士官生体能训练具有明确的目的性，即始终以定向培养士官生身体素质水平提升为目的。定向培养士官生未来所面临的特殊环境与要求，必然将每个人的体能推向极致。因此，体能训练在院校定向培养士官生专业课程构建中是重要的一环。

我国学者孙学川将现代定向培养士官生体能定义为：定向培养士官生体能是学员在各种特殊环境条件下，为完成各种长时间、大强度、高标准的作业任务所必须具备的综合生物学能力，是一个融生理学、心理学、时间生物学等多学科素质为一体的综合生物学素质。他将定向培养士官生体能分为基础体能、专业体能和综合体能三类，初步构建了现代定向培养士官生体能的框架体系。这样的定义基本反映了定向培养士官生体能的本质，具有鲜明的时代特征。

《美国陆军体育训练》一书将军队人员的体能定义为：体能是指在劳动、训练和其他活动中能够有效地发挥作用，并且有足够的精力应付任何可能发生的紧急事件的能力。它包括心肺功能、肌肉力量、肌肉耐力、柔韧性和身体成分。美军将速度、灵敏、力量、协调能力等因素列入"运动性"素质一类，这些素质将对士兵在战场上的生存能力产生影响。美国陆军体能训练计划的目标，就是通过对个人和部队实施循序渐进的、结合部队任务需要的身体训练，提高或保持身体健康与运动素质水平。

综上，我们认为三者之间的逻辑关系为：体质是总体概念，它包含了体格、体能、机能、适应能力和精神状态等；体能是体质的包含概念；定向培养士官生体能是体能的一个分支，属于特指层次的概念。

三、定向培养士官生体能训练

（一）体能训练的内容

体能训练涉及身体形态、身体机能、运动素质、健康等因素。身体形态指人体的内外部形状。身体机能是指机体各器官系统的功能，它是身体活动能力的基础。运动素质是机体在中枢神经系统控制下，在运动时所表现出来的各种基本运动能力，通常包括力量、速度、耐力、柔韧、灵敏等。健康指人在身体、心理及社会适应方面的良好状态，是运动员参加训练活动的必要条件。

构成体能的身体形态、机能、素质三个因素既相对独立，又密切联系，彼此制约，相互影响。其中，每一个因素的水平都会影响到体能的整体水平。三个构成因素之中，运动素质是体能的外在表现，所以在运动训练中多以发展各种运动素质作为体能训练的基本内容。

（二）身体形态、身体机能、运动素质三者之间的关系

身体形态、身体机能、运动素质的许多指标在很大程度上取决于先天的遗传因素，在后天的自然生长发育过程中，这些指标随着年龄增长发生变化。对一般人来说，身体形态和身

体机能只要具备正常的功能就可以适应日常环境和正常活动。但是对于定向培养士官生来说，由于他们必须在运动训练和执行特殊任务的特定环境里，要在承担超常的运动负荷和极度紧张的心理状态下进行活动，因此，仅仅使身体形态、身体机能和运动素质维持在一般的水平上是远远不够的，而必须在机体正常的生理范围内挖掘其最大潜力，乃至达到生理极限水平。要想有优异的体能表现，就必须使身体具有适应创造这种高水平体能表现的基础。因此，体能训练就要在遗传和人体自然生长发育的基础上，对机体中的可变异部分给予影响，使之提高，以符合创造高水平成绩的需要。鉴于上述原因，体能训练的根本任务就是要在运动训练中运用各种有效的方法和手段，使定向培养士官生各器官系统机能水平和身体形态得到全面提高、运动素质得到全面发展，掌握大量运动技术和技能，从而为专项军事素质的充分发展，以及掌握、改进、提高专项军事技术和专项军事体能水平创造条件。

体能训练的基本内容是充分发展与运动员专项运动成绩密切相关的力量、速度、耐力、柔韧、灵敏等运动素质，从而影响和促进定向培养士官生身体形态和机能的改善，提高定向培养士官生的健康水平，为专项军事体能和技术水平的不断提高奠定良好的基础。

第二节　定向培养士官生体能训练的特征与功能

在体育训练方面，地方院校与部队之间的差距是很大的，如何把地方大学生培养成合格士官生是军地双方共同面临的问题。因此，为了提高地方院校在学科建设、师资力量、学术研究等方面的水平以及场地设施等方面的利用率，地方院校在定向培养士官生体育训练方面与有关部队共建单位以及承训部队、地方人民武装部共同研究，探索定向培养士官生体育训练的新模式，定向培养士官生体能训练由此产生。

一、定向培养士官生体能训练的特征

定向培养士官生体能训练的本质属性在于增强体质、提高身心素质，根本目的是为了提高学员的战斗力。由此，定向培养士官生体能训练具有区别于一般体育训练的特征。

（一）定向培养士官生体能训练的内容具有指向性

定向培养士官生体能训练的内容构成立足于战争实践，一切以提高个人的战斗技能为出发点。定向培养士官生体能训练首先追求运动能力的提高，以满足未来军事斗争实践要求。

（二）定向培养士官生体能训练的对象具有特殊性

定向培养士官生体能训练的对象与国民体育的对象相比，具有特殊性。国民体育中的训练对象极为广泛，而定向培养士官生体能训练的主要对象是专业技术预备士官，属于执行特殊任务的特殊人员群体。

（三）定向培养士官生体能训练的实施过程具有强制性

体育这一社会活动与人类的衣食住行没有直接的联系。一般来说，人们是在温饱之后，有一定余暇时才会参加体育活动。而定向培养士官生体能训练，无论每个人的主观态度如何，都必须将体能训练作为既定任务去完成。定向培养士官生体能训练的整个实施过程是严格的、严肃的，它不以参加者的兴趣爱好为转移——无论个人的主观意愿如何，都必须自觉执行。

（四）定向培养士官生体能训练的目标具有实效性

定向培养士官生体能训练的目标是：学员通过接受周期性、系统性训练，在掌握运动技能的基础上，系统了解和掌握基本训练方法，进而指导自身和他人训练以达到提高身体素质的目的，力求学校培养目标与未来岗位需求相适应。因此，定向培养士官生体能训练目标明确，具有较强的实效性。

二、定向培养士官生体能训练的功能

（一）改善体质，增强身体素质，提高机体工作能力

改善体质、增强身体素质，提高机体工作能力是定向培养士官生体能训练最本质的功能。体质指人体的质量，包括体格、体能和适应能力。其中，体能由身体素质和人体基本活动能力组成。定向培养士官生的身体素质是身体要素中最重要的部分，主要是指在战斗中表现出来的力量、速度、耐力、柔韧和灵敏等身体能力的总称。良好的身体素质是个人其他素质的基础，是作战主体在战斗中充分发挥作用的前提，是持续战斗力的保障和战斗力"再生"的关键。通过对定向培养士官生进行体能训练，促使其体格健壮、姿态端正、体型健美，发展力量、速度、耐力、灵敏等身体素质和跑、跳、攀、爬等基本活动能力。此外，定向培养士官生身体素质的提高，还有助于减轻其心理压力，提高其斗志，促使其精神饱满、情绪稳定，提高其在现代化战争中全方位的应变能力、在恶劣环境中的适应能力、对疾病的抵抗能力以及野战的生存能力，从而减少伤病的发生并充分发挥所掌握的技术、战术水平。

（二）有助于定向培养士官生学员掌握技术技能

定向培养士官生体能训练和运动技术技能有着密切的联系。运动技术技能水平的巩固和提高，必须以良好的体质作基础。在现代战争中，战争的残酷性和复杂性，不仅对个人技术、战术提出了更高的要求，而且对学员体质提出了更高的要求。射击、投弹、驾驶、兵器操作等所需要的力量、速度、耐力、灵敏等素质可以通过体能训练去获得；战术训练中的走、跑、跳、攀、爬等基本能力，可以通过定向培养士官生体能训练去增强；许多定向培养士官生体能训练项目本身就是一种技能，能直接运用于军事格斗、攀登以及武装泅渡等军事实践中。

（三）培养定向培养士官生学员良好的思想道德和勇敢顽强的战斗精神

定向培养士官生体能训练的高强度、高对抗，需要有决心、有毅力、不怕苦、不怕累，长期坚持才能见效。体能训练有助于培养士官生学员勇敢顽强、吃苦耐劳、坚持不懈、克服困难的思想作风。定向培养士官生体能训练竞赛的对抗性和竞争性，有助于培养学员机智灵活、沉着果断、英勇善战、勇往直前、谦虚谨慎、遵守纪律等优良品质和战斗精神。士官生学员有了良好的意志品质、勇敢顽强的战斗精神，他们就能够朝气蓬勃、斗志昂扬，勇于面对任何艰难险阻和恶劣环境。

（四）活跃校园文化生活，促进军营文化建设与学员对军营文化的认同

定向培养士官生体能训练虽然是身体练习，但是也会产生精神层面的作用和效果，具有文化的功能和效应。定向培养士官生体能训练作为学员休闲娱乐的一种积极手段，以其丰富多彩的内容、生动活泼的形式和独具一格的活动性特点，吸引着广大学员积极参与其中，成了校园文化生活的重要组成部分。同时，由于定向培养士官生体能训练活动具有教育性、趣味性和情感性，可以促进军营文化建设与学员对军营文化的认同。

（五）促进院校之间的交流

随着改革开放的深入，与国外的交流日益增多，定向培养士官生体能训练竞赛也成为对外体育交流的重要内容。比赛既是对定向培养士官生体能训练水平的一种检验，又是增进比赛双方友谊的桥梁。

第三节　定向培养士官生体能训练现状与发展趋势

随着科学技术水平的高速发展，军事技术与武器装备也日新月异，不论是海洋、陆地、空中还是外部空间，高新技术的应用十分广泛。在信息化条件下，局部战争将成为主要的战争形态，战争的突发性、快速性、广域性、残酷性，对学员的体能素质和专业技能提出了更高的要求。为顺应这种要求，必须大力推进体能训练实战化、科学化、专项化、系统化，贯彻"战训一致"原则，切实提升定向培养士官生的实战化水平。

一、加强功能性力量训练，将现代训练理念融入实战化体能训练实践

实战化体能训练要求学员不一味地追求绝对力量，但是需要具备以爆发力为主导的动作速率，因此训练刺激的本质是直接增加爆发力的输出。功能性力量是学员能够运用在作战中的力量，注重力量在战斗动作中的应用，是提高动作速率的重要途径。长期的训练实践证明，传统的力量训练与更快地完成战斗动作之间存在矛盾。GJ Wilson 认为，传统力量训练降低了爆发力和动态运动能力。相对于传统力量训练，功能性力量训练强调整个机体与动作的结合，通过神经系统的整合与协同作用，使学员获得更大的力量，这对于对速度与灵敏有极高要求的实战化体能训练意义巨大。跳跃、投掷手榴弹、匍匐、滚翻、火力下移动、跨越障碍等战斗动作都是不固定的动作模式，由于战斗动作之间的复杂协同关系，所以需要依靠机体感受器进行反馈调节，需要机体为了动作的质量而发展稳定性。功能性力量训练源于不同动作的运动特点，聚焦不稳定的姿态。例如，以往提高移动能力的大部分训练都是传统的双腿力量练习，虽然传统练习也能够提高移动能力，但并不符合移动技术的特点。当移动变向时，机体通常处于不稳定的状态，一侧的腿部承受了大部分负荷，这种不对称的负荷使传统的双腿力量练习效果不佳。而功能性力量训练采用的单腿练习模式比双腿练习对学员的快速移动、跳跃更加有效。

二、区分不同的训练阶段，最大限度地满足信息化战争需求

实战化体能训练是我军实现强军目标必须长期坚持的一项系统工程。要培养学员具备相应的运用能力，长期系统的实战化体能训练是必经之路，而根据学员的体能水平、任务特点对训练过程进行阶段划分是科学训练的根本保障。学员从进入现役到具备作战能力、执行战斗任务需要经过一个长期而持续的训练过程。实战化体能训练不是一蹴而就的，不能在学员体能水平没达到要求的情况下盲目地进行实战化训练，真正意义的实战化体能训练需要经过新训阶段的基础体能练习，提高阶段的体能与战斗技术、战术的优化训练，以及战斗准备阶段的基于作战任务和战场环境的针对性训练。新训阶段的主要任务是通过针对运动辅助系统的训练，发展学员的多种运动能力，使学员能够适应实战化体能训练的要求；提高学员的专项能量代谢系统和神经肌肉系统，并结合战斗动作和战术进行优化训练；战斗准备阶段进行

强化爆发力训练，继续发展学员的体能素质，并根据具体的任务部署，开展不同武器装备、战场环境的适应性模拟训练，将体能与作战要素相结合，使学员具备成功完成战斗任务的实战化体能。

三、注重康复性体能训练，实现实战化体能训练的最大效益

良好的体能和没有伤病是战斗力的基础。国外高度重视训练伤病的预防和康复，美国陆军身体准备训练（U. S. Army Physical Readiness Training）中设置有专门的康复训练部分，其目的是提高学员伤病期间和恢复期间的身体水平。康复后重返身体准备训练，其身体状况应与康复前相当甚至更高。我国高强度的实战化体能训练使得学员在训练、比武、演习中容易造成腰以及膝、踝等关节的运动性损伤。例如 400 米障碍科目难度高、强度大，学员要在极短的时间内攀爬、跳跃、缓冲、制动、变向，很容易造成膝关节半月板、前十字韧带和内侧副韧带的损伤。加之有些院校存在体能训练项目单一、方法落后等问题，也加剧了训练伤病的发生。康复性体能训练的核心是帮助学员恢复健康、提升体能以适应训练与作战需要。Esselman 等研究发现，慢速离心训练可以增加肌肉力量，提高运动表现，减少运动性损伤。离心收缩可使肌肉产生最大的张力，离心收缩产生的力量比向心收缩产生的力量大 50% 左右，对于康复性体能训练大有裨益。经过反复的离心训练，肌肉的力量会增大，从而提高肌肉组织的自我修复能力，促进运动损伤的康复。学员在落地缓冲、制动、快速变向移动阶段是运动性损伤的高发阶段，而离心收缩是制动缓冲阶段肌肉的主要工作方式。学员在负重长跑科目中也会对膝关节造成较大冲击，增加离心力量训练、提高肌肉缓冲能力对于预防运动损伤同样有着重要的意义。

四、加强心理与体能融合训练，推动定向培养士官生体能训练实战化创新发展

学员的心理能力与其体能及技战术能力有着非常密切的关系，它们是相互依存、相互制约和相互促进的。在信息化条件下，学员在严酷的环境中执行任务，他们的身心面临前所未有的威胁，随之心理会产生特殊反应，有时会出现厌战等情绪，直接影响任务的完成。美国军事心理研究所心理学专家阿雷尔研究发现，在美军士兵中，有 80% ~ 90% 的参战士兵有明显的恐惧表现，而紧张和恐惧会破坏心理平衡，造成身心失调。将心理训练融入体能训练中，通过长期、系统的心理训练，培养学员良好的心理调控能力，可以有效促进体能以及技战术能力的发挥，保障和提高作战能力。在体能训练中，可以通过设置班组集体科目以增强参训人员的团队意识，培养学员为完成团队任务的自我牺牲精神，从而提高成员间的协作水平和战斗力。自信心是充分发挥学员自身其他能力的基础，在体能训练中结合自信呐喊训练，公开喊出目标，可以激励自我，强化自信，培养义无反顾的必胜信念。

思考题

1. 什么是体能？
2. 定向培养士官生体能包含哪些方面？
3. 定向培养士官生体能训练的特征与功能有哪些？

第二章　定向培养士官生体能训练原理与原则

　　定向培养士官生体能训练原理与原则是士官生体能训练的基本准则和指导依据。全面了解和掌握相关训练原理与原则，有助于教员在全面布局、总体规划的前提下科学地制定训练方案；有助于学员在了解自身能力的前提下指导自我锻炼及训练实践；有助于体能训练参与者把握训练重点和难点，制定出相应的解决方案并加以实施，最终实现身体素质的提高。

　　定向培养士官生体能训练的原理揭示了人体在训练干预过程中产生的一系列变化的生理学机制，为训练实践中运动负荷与运动强度之间的合理匹配提供了理论依据；定向培养士官生体能训练的基本原则解释了训练过程中需要关注的基本训练思路、训练方法、注意事项、解决方案等问题，为科学训练提供了总的原则与纲领。

第一节　定向培养士官生体能训练原理

　　运动训练规律是指运动训练系统内部各构成因素之间，以及它们与系统外部各相关因素之间在结构与功能上的本质联系和发展趋势。这些本质联系在运动训练活动中不断重复出现，在一定条件下，影响或者决定着运动训练的进程。训练规律是不以人们的主观意志为转移的客观存在。违背训练规律的认识和做法，都必然会受到训练规律的惩罚。

一、训练适应原理

　　训练适应是体能训练的主要原理，旨在为体能训练确立理论根据。适应是指在环境长期变化的影响下，人体的功能和形态发生相应的持久性变化。当外界环境发生变化时，机体内环境的相对平衡受到破坏，机体内各种功能不得不重新进行调整，以维持机体内环境的相对平衡，这就是适应过程。在定向培养士官生体能训练中，主要是采用施加运动负荷的方法，有意地打破机体内环境的相对平衡，使之发生向较高机能水平的转化，从而在与施加的运动负荷相适应的水平上重新获得相对平衡。这种由于训练而产生的有机体与施加负荷的外环境不断取得平衡的过程称之为训练适应。训练适应有如下特性：

　　（1）普遍性，即机体在形态、机能、运动素质和心理过程等方面都能发生训练适应现象；

　　（2）特殊性，即不同性质的运动负荷可引起特殊的适应变化，通俗地说，就是练什么就长什么；

　　（3）异时性，即机体由于训练而产生的适应性变化需要一定的时间，而机体各方面的训练适应现象出现的时间也有所不同，机能上的适应性变化往往先于结构上的适应性变化；

　　（4）连续性，即机体训练适应的产生和发展是一个连续的过程，机体在各种竞技能力方面的训练适应具有异时性的特点，导致了机体全面适应渐进积累的方式。

训练适应是一个动态发展的过程，是机体承受负荷能力不断提高的过程，可以表示为：初承负荷—不甚适应—继续负荷—逐渐适应—增大负荷—又不适应……周而复始。由此可见，训练适应是指机体对负荷刺激由不适应到逐渐适应直至平稳承受。可以从四个方面入手，来促进定向培养士官生对体育训练强度产生身体适应。

（一）进行有针对性的能量补充

定向培养士官生体育训练中需要消耗大量的能量，能量补充充足是保证定向培养士官生体育训练效果的关键因素之一。要进行合理的能量补充，就需要我们分析具体的定向培养士官生体育训练课目的训练负荷的大小及其能量需求特征。同时，还要考虑特殊情况下，如应激状态、睡眠剥夺状态、饥饿状态下的营养补充，战备状态下的营养补充，以及不同体型的人的能量需求和营养补充，制定相应的营养配餐方案，以达到促进身体适应的效果。

（二）科学合理地安排体能训练

主要是通过体能训练程序的科学化和体能训练操作的科学化来实现。体能训练程序科学化是指将体能训练程序分为周期体能训练和体能课训练。周期体能训练程序是指，在每个周期，体能训练都按照训练前评估、制订训练计划和训练后评估这个程序来进行。体能课训练程序是指每节体能训练课应该按照准备活动、基本部分和整理活动这个程序来进行。体能训练操作科学化是指课的内容的选择与安排、训练方法和训练手段的选择、课堂管理与组织、学习效果评价等有科学依据。

（三）加速机体疲劳恢复

定向培养士官生体能训练自然会有疲劳的出现，训练负荷越大，可能带来的疲劳现象越明显，能否及时有效地消除疲劳，预防疲劳的积累，避免过度疲劳的产生和由此带来的训练损伤，是保证训练正常进行的关键。要达到有效消除机体疲劳，就要掌握如下消除疲劳的基本方法：第一，加强体能训练；第二，采取饮食措施；第三，服用抗疲劳药；第四，合理补水；第五，保障睡眠；第六，进行物理疗法，包括按摩、热水浴、理疗等；第七，保证活动性休息，如慢跑、游泳等；第八，进行心理疗法，如冥想。

（四）促进环境适应

定向培养士官生体能训练要求在不同的自然环境下进行，要求参训人员对外界环境有较强的适应能力，具体包括在高原环境、寒冷环境、炎热环境、电磁环境下进行体能训练的能力。在高原环境下训练时要安排适应性训练，训练负荷由小到大逐渐增加，训练中要及时补充水分，避免高原病的产生；在寒冷环境下训练时要注意身体保暖，避免在风口进行训练，并延长准备活动的时间，合理分配体力，多补充糖分和水分以满足能量消耗的需要；在炎热环境下进行体能训练，也应逐渐增加训练负荷，让机体逐渐适应在炎热环境下运动，出现热习服时，要加大水的补充，防止脱水。

综上，运动负荷不能停留在同一个水平上。要想不断提高体能，就必须不断提高运动负荷水平，不断打破机体对原有负荷的适应性，达到一个新的负荷水平。然后，稳定一段时间，再增加负荷，以此反复实施，从而达到迅速提高体能水平的目的。

二、疲劳与恢复原理

（一）疲劳产生的机制

运动性疲劳是指由于训练引起的运动能力和身体机能暂时下降的现象，是训练进行到一定阶段必然出现的生理功能变化。疲劳是训练达到某种程度的标志，是训练效果的具体表现。没有疲劳就没有训练，人体只有经过一定程度的疲劳，才能获得超量恢复，使人体机能得到提高。了解疲劳产生的机制有助于运动中延缓疲劳的出现，研究消除疲劳的方法有利于运动后尽快地恢复体力。近年来，各国相关学者对疲劳问题进行了大量的研究，提出了多种假说以解释不同运动产生疲劳的机制。

1. 能源物质的消耗

这一理论认为，疲劳的产生是由于在某一高强度的运动中起主要供能作用的能源物质大量消耗所致。例如百米跑运动，由于运动强度极大，运动中消耗的能量主要来自磷酸肌酸的分解，当跑至60~80米处都会出现跑速降低的现象，即出现了运动性疲劳。究其原因，是体内储存的高速率供能物质——磷酸肌酸大量消耗，人体运动中需要的能量不得不依靠糖的无氧酵解，由于糖酵解供能的速率约为磷酸肌酸的 1/2，所以跑的速度出现了下降。

2. 代谢产物的积累

这一理论认为，疲劳的产生是由于高强度的运动中某些代谢产物在肌肉中大量堆积所致。例如在中跑时，能量供应的主要途径是糖的无氧酵解。运动中产生的乳酸可以通过以下6个方面影响运动能力：

（1）阻碍兴奋在神经肌肉接点处的传递；

（2）抑制磷酸果糖激酶，减慢糖酵解过程；

（3）H^+可代替肌钙蛋白中的钙，降低肌肉的收缩能力；

（4）H^+作用于脑，引起疼痛、恶心，产生定向障碍等严重副作用；

（5）H^+增多抑制氧与血红蛋白的结合；

（6）抑制脂肪组织内敏感脂肪酶的活性，限制自由脂肪酸进入血液。

3. 内环境的失调

这一理论认为，疲劳的产生是高强度运动中体液的 pH 值（酸碱值）下降，水盐代谢紊乱和血浆渗透压改变等因素所致。例如，在高温下作业，因泌汗过多，致使不能劳动，严重疲劳时，给予饮水仍不能缓解，但饮用含 0.04%~0.14% 的 NaCl 水溶液对疲劳就有所克服。

4. 保护性抑制

根据巴甫洛夫学派的观点，运动性疲劳是由于大脑皮质产生了保护性抑制。运动时，各种内外感受器接受的大量信息传至大脑皮质相应的神经细胞，使其长时间兴奋导致能量消耗过多，当消耗达到一定程度时即产生抑制，这对大脑皮层具有保护作用。在长时间的运动中，这可能是导致疲劳的重要因素。

5. 突变理论

这一理论认为，疲劳的产生可能是由于高强度的运动中能量供应不能以足够的速率满足运动的需要，或是肌肉力量下降；也可能是兴奋-收缩耦联功能发生障碍而导致疲劳。这些因素之间的变化不呈线性关系。在肌肉疲劳的发展过程中，存在不同途径的逐渐衰减突变过程，形如一条链的断裂现象。

各种体能项目的运动强度、持续时间和运动形式不大相同，产生疲劳的机制亦不会完全相同，任何一种假说都难以解释多种运动项目中各有特点的疲劳现象。

（二）恢复过程

恢复是机体在承受负荷后其机能与能源物质的补偿与还原过程。有学者提出，没有恢复就没有训练。现代运动训练的特点之一就是高强度，高强度训练后没有有效的恢复措施作保障，是不可能继续维持高强度训练的，或者会造成机体的疲劳积累，严重的会造成伤病，其至不得不中断训练。因此，很有必要对恢复过程做一番探讨。

恢复在训练过程中就已开始，只是当时消耗过程占优势。恢复过程包括四个阶段，即部分恢复、完全恢复、超量恢复、累积恢复。这主要是由于机体的恢复本身就是一个过程，人体机能及不同能源物质的恢复速度有快慢之分，于是就存在部分恢复的现象和阶段。超量恢复是指训练结束后的某一时段上能量补偿逾越原有水平的现象，超量恢复是机体机能提高的基础。机体在超量恢复之后并非又回到原先的状态，而是要保持相当长的一段时间，这种保持一定超出效果的现象就叫超量恢复。根据以上恢复过程的不同阶段可以安排相应的负荷量值。

恢复手段在目前主要有三大类。一类是力学手段，主要是轻动、按摩、理疗、桑拿等。在力学手段上，人们是不难追平的。第二类是化学手段，包括营养、药物等。在这方面，人们耗用足够的时间基本可以追平。第三类是心理学手段或哲学手段，主要是进行信仰灌输、思想激励、心智调控等。在精神方面，人们的差距是很显著的，是无法追平。信仰机制的建立是亟待解决的理论课题，具有重大的现实意义。

三、有氧代谢与无氧代谢原理

有氧运动是指通过有氧代谢提供能量的中低强度的运动，其主要目的是提高机体的摄氧量，增进心肺功能，达到最佳的健康效应。有氧运动的特点是强度低、有节奏、不中断和持续时间长。它最有效的训练方法是持续负荷法，就是不间断地训练较长时间，一般不少于30分钟，可匀速也可变速。另外，不同地形的越野跑、长时间不间断跑以及长时间的球类活动、游泳、滑雪、爬山、骑自行车等都是发展有氧代谢能力的常用训练手段。

无氧运动是指高强度或超强度的运动，其主要特点是肌肉在缺氧的状态下高速剧烈运动，由于速度过快和爆发力过猛，人体内的糖分来不及经过氧气分解而不得不依靠"无氧供能"。这种运动会在体内产生过多的乳酸，导致肌肉疲劳，运动后感觉肌肉酸痛、呼吸急促。主要的训练方法有三种：一是间歇训练法，即以多次极限强度进行间歇训练，从而发展人的糖酵解供能系统；二是重复训练法，即为了提高人耐受乳酸的能力，选用略短于专项的距离进行多次极限强度训练（重复跑之间的恢复时间应确保练习者得到充分的休息和恢复，一般为10~15分钟）；三是变速训练法，即采用不同速度长时间的交替跑，也就是我们常说的变速跑。变速训练法对改善训练人员的不同代谢方式的转换能力及培养意志品质是非常有益的。

判断当前从事运动的机体供能模式可以通过如下两种方式。首先，从运动的强度上加以区别。轻度和适度的运动是有氧运动，特别剧烈或高强度的运动是无氧运动。其次，根据自身心率的高低、快慢来进行判断。心率低于120次/分钟时为轻度有氧运动，此时会慢速收缩肌肉纤维，人的呼吸很轻松；120~150次/分钟时为中度有氧运动，会快速收缩肌肉纤维，此供能状态下可轻松谈话；当心率大于150次/分钟时为高强度的有氧或无氧运动，会快速收缩肌肉纤维，这时感觉说话很困难。进行有氧运动时，一般以心率130次/分钟为最佳，这也称为黄金心率。尽管每个人的基础心率和最高心率各有差异，但是有氧运动的心率不应超过130次/分钟，也就是人体最大吸氧量的50%~60%。当心率达到150次/分钟时，机体就开始混合代谢；如果心率达到了160次/分钟甚至180次/分钟，就表明运动代谢方式是在无氧运动状态下进行的。

第二节　定向培养士官生体能训练原则

运动训练原则是指依据运动训练活动的客观规律而确定的运动训练所必须遵循的基本准则，它是运动训练活动客观规律的反映，对运动训练实践具有普遍的指导意义。这些训练原则适用于各种运动水平的人，同样也适用于定向培养士官生的体能训练。我们在组织定向培养士官生体能训练活动的整个过程中，都应该深刻认识运动训练的规律，贯彻训练原则，做到科学、有效地训练。

一、实战需要原则

（一）实战需要原则的概念

实战需要原则是指根据现代战争对军人完成各种军事作战任务所必备身体素质水平和体能提出的要求，从实战出发，科学安排训练的阶段及训练的内容、方法、手段和负荷等因素的训练原则。贯彻这一原则能够使训练更好地结合军事技能的特点，全面提高定向培养士官生在未来战争中对各种艰苦环境的适应能力，增强体能训练的针对性、实战性和实效性。

（二）实战需要原则的依据

人类有意识、有目的的行为都是围绕着目标进行的，目标对人们的行为起导向作用。体能训练的目标是全面提高定向培养士官生的身体素质水平、磨炼其意志品质、培养其在现代战争条件下的作战适应能力。因此，体能训练应服务于军事技能的掌握、服务于军人与装备紧密结合的需要、服务于实战需要。此外，各军兵种的性质和作战任务不同，对军事技能和体能的要求也有一定的差异，因此我们在选择训练内容、方法，确定训练负荷，制定训练标准和方案等方面也要符合实际的需要。

（三）实战需要原则的应用

在贯彻实战需要的原则时，要围绕训练的基本目标，切实可行地安排各项训练工作。训练目标是组织训练工作的重要依据，应着重体现实际需要。在制订训练计划时，应对各方面训练条件做出全面的分析，对参训人员的现实状态（包括他们的健康状况、身体素质、意志品质、接受能力等）做出科学的检测和客观的评价；进而确定经过艰苦的努力可以实现的训练目标；然后，依据目标选择科学合理的负荷内容和训练手段。由此可见，体能训练要分阶段进行，随着训练的不断深入、各阶段目标的不断实现，使体能素质水平逐步达到并保持实战要求。

二、动机激励原则

（一）动机激励原则的概念

动机激励原则是指通过多种方法和途径，激发军人主动从事艰苦训练的动机和行为的训练原则。遵循这一原则可激发官兵更高的训练积极性和主动性，培养他们的独立思考能力、创造能力和自我调控能力，促使他们以最大的动力，高质量、高效率地完成训练任务。

（二）动机激励原则的科学基础

动机是推动和维系人们从事某种活动的内驱力。只有在训练中通过各种途径和方法激发广大官兵从事艰苦训练的动机，才能启发他们训练的主动性、积极性、创造性，才能高质量、高效率地完成训练的任务。要成为一名优秀的专业士官，真正达到"政治合格、军事过硬"的要求，拥有并保持良好的体能状态是最基本的保证。自我成就感是学员们积极投身体能训练的重要原动力。然而，体能训练过程是学员们承受巨大心理负荷和生理负荷的过程；并且，在长期枯燥、单调而艰苦的训练过程中，学员们还会不断地受到内外环境等多种因素的影响，包括疲劳、伤病、不良人际关系以及工作压力等，这些都会使他们感到困惑、失去训练的兴趣和信心，这就需要动机的支撑。因此，必须不断地激励他们保持良好的动机，始终对训练的前景充满信心，不断地感受到阶段性成就的喜悦，并继续确立新的训练目标。

（三）动机激励原则的应用

（1）加强训练的目的性教育和正确的价值观教育。通过各种教育学及心理学的手段，对学员进行训练的目的性教育，使他们正确认识体能训练的意义，端正训练的态度，不断提高为献身国防而锻炼体魄、磨炼意志的自觉性和积极性，把完成体能训练任务变为自觉行动。

（2）满足合理的需要，把握好从严训练的尺度和方式。要关心学员的生活，安排好他们的衣食住行，创造良好的人际环境，并尽可能使他们在安全和尊重上得到必要的保障，激发他们参与训练的兴趣和热情。

（3）发挥学员在训练中的主体作用。应使参训人员了解训练的目的、任务、要求与安排，并使他们在一定程度上参与训练计划的制订和训练的组织；有效地激发参训人员的创造性思维和主观能动性，变被动式训练为主动式训练；有意识地培养学员独立思考的能力，提高他们在各种复杂的环境及社会条件下较好地控制自己的思想、行为和动作技术的能力和应变能力。

（4）正确地运用动力因素。正确地运用精神、物质和信息这三种动力，互相补充，扬长避短，取得理想的效果。要正确地认识和处理好个体动力和集体动力的关系，让个体动力在大方向基本一致的情况下得到充分的发展，以求获得比较大的集体动力的总量。

三、系统化训练原则

（一）系统化训练原则的概念

系统化训练原则是指持续地、循序渐进地组织体能训练过程的训练原则。运动训练的过程具有连续性和阶段性的特性，一方面，体能训练要长期持续地进行，要持之以恒；另一方面，不能突变式地增加训练负荷，必须遵循其特定的顺序和规律，要循序渐进。只有这样，才能获取最大的训练累积效益，从而取得理想的训练效果。

（二）系统化训练原则的科学基础

（1）人体生物适应的长期性、阶段性。系统的持续训练是取得理想训练效果的必要条件，人体对训练负荷的生物适应必须通过有机体自身的各个系统、各个器官、各部位肌肉一点一点地去实现。因此个体机能的适应性改造都不是在短期内能奏效的，而是一个漫长的改造过程，必须经过系统的持续训练才能实现。

人体对训练的生物适应不仅是长期的，同时也是阶段性的。机体对一次适宜的训练负荷的反应，分为工作、疲劳、恢复、超量恢复和训练效应消失等几个阶段（见图2-2-1），表现为阶段性特征。由此可见，在前一次训练痕迹消失后再训练，后一次训练的积累性影响效果就会消弱。训练过程必须遵循人体机能活动能力变化规律和人体机能适应性规律。

（2）训练效应的不稳定性。由于训练适应是可逆的，所以，当训练的系统性和连贯性遭到破坏而出现间断或停顿时，已获得的训练效应就会消退甚至完全消失。这种消退在体能方面表现尤为明显，比如体能的变化主要表现为力量、速度及耐力等运动素质的改变。训练一旦停止，运动素质消退得很快，特别是通过强化的力量训练手段所取得的训练效应消退得更快。因此，为了避免

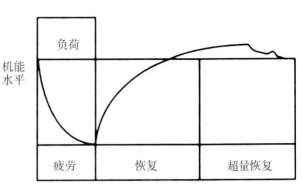

图 2-2-1　机体负荷的应激反应

体能的消退，克服训练效应的不稳定性，必须在训练效应产生并保持一定时间的基础上重复给予负荷，使得训练的效应得到强化和累积，也就是保持训练过程的连续性、系统性。

（三）系统化训练原则的应用

（1）保持训练的长期性、系统性和连贯性。应健全和完善训练体制，各部队和院校都应有切合实际的体能训练大纲，科学地制订训练计划，并将训练的组织实施落到实处，这是确保训练的连续性、系统性不可缺少的重要因素。同时，要采取有力措施，减少、防止伤病发生。

（2）依据阶段性的特点，科学地、有序地组织训练过程。训练的内容、方法和运动负荷的安排，都要按照由易到难、由简到繁、由小到大、逐步深化、不断提高的顺序，并遵循人体机能的适应性规律。这样才能取得理想的训练效果，达到不断增强体质、保持良好体能状态的目的。

四、适宜负荷原则

（一）适宜负荷原则的概念

适宜负荷原则是指根据参训人员的现实可能和人体机能训练适应规律，在训练中给予相应量度的负荷，以取得理想训练效果的训练原则。机体在训练中承受了一定的运动负荷后，必然会产生相应的训练效应。训练负荷的大小对训练效应有着重要的影响，如果负荷过小，不能引起参训人员机体必要的应激反应；反之，过度负荷作用下会使参训人员出现劣变反应。

（二）适宜负荷原则的科学基础

（1）训练适应原理。在一个适度的范围内，负荷量度的大小与训练效应的大小成正相关，这时负荷的量度越大，对机体的刺激越深，所引起的应激也越强烈，机体产生的相应变化也就越明显，人体机能提高得也就越快。然而，当负荷超过了一定的范围，超出了最大承受能力（或称过度负荷）时，机体便会产生劣变反应，出现不良症状，例如失眠、疲惫不堪、慢性体重下降、非受伤引起的关节及肌肉疼痛、周身性肌肉痉挛等，人体机能随之下降。

（2）连续负荷、恢复与超量恢复。有训练就会有负荷，通过恢复和超量恢复，产生训练效应。此时，如果没有新的"负荷—恢复"过程，就不会有机能的提高。在训练实践中，对机体的负荷通常都是连续施予的，几次负荷之间不同的间隔与联系，会产生不同的效应。如果在前次负荷后机体的超量恢复阶段再施予负荷，就会使机体水平不断提高；而如果前次

负荷后机体还没有得到恢复便再次施予负荷，就会导致机能水平的下降（见图2-2-2）。

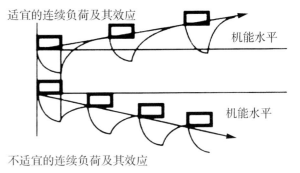

（三）适宜负荷原则的应用

（1）正确理解负荷的构成。运动训练过程中产生的负荷既有生理负荷和心理负荷，也有内部负荷和外部负荷。它是由负荷量和负荷强度构成的。负荷量反映负荷对机体刺激的量的大小，这种刺激相对缓和，由此产生的训练效应不明显但稳定。负荷强度反映负荷对机体刺激的深度，这种刺激较为深刻，由此产生的训练效应明显但不稳定。

图 2-2-2　连续负荷及其效应

负荷的量和强度分别通过不同的侧面表现出来，我们一般运用不同的指标去反映负荷量和强度的大小。反映负荷量大小的指标一般为次数、时间、距离、质量等。负荷强度的大小常常通过练习的速度、远度、高度、单位练习的负重等予以衡量。

负荷的量和强度构成了负荷的整体，它们彼此依存又相互影响，任何负荷的量都是以一定的强度为条件而存在的，任何负荷的强度又都以一定的量为其存在的必要基础。一个方面的变化必然会导致另一个方面的相应变化，我们在训练过程中应将这两个方面综合起来考虑负荷的大小。

（2）科学地增加负荷。随着体能训练的不断深入，通常需要相应地加大负荷的量和强度，但这一变化必须循序渐进地实施，才能得到理想的效果。循序渐进增加负荷的方式如下（见图2-2-3）：

直线式——负荷的增加是直线上升的。以量的增加为主，强度的动态变化不明显，主要适用于起点较低的初级训练人员。

阶梯式——每增加一次负荷，都要保持一段时间（大约一周）。这种增加负荷的方式适用于各阶段的练习者。

波浪式——以有起伏的斜线上升的方式增加负荷，可以避免长时间保持高负荷的增加而导致的过度负荷，同样适用于各阶段的练习者。

跳跃式——训练负荷跳跃式增加，目的是打破机体不同系统间旧的牢固联系，使机体承受负荷的能力产生突破性发展，适用于有相当训练基础的人员。

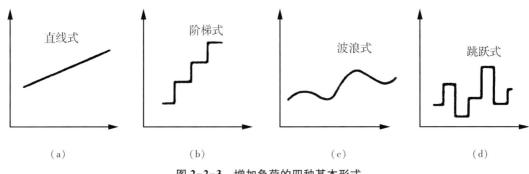

图 2-2-3　增加负荷的四种基本形式

（3）综合设计最佳负荷方案。根据不同的训练阶段和任务，选择好训练内容和方法，综合考虑生理负荷与心理负荷以及内部负荷与外部负荷的大小，对负荷量、负荷强度和总负荷进行综合设计。

（4）科学实施大负荷的强化训练。负荷量度的增加会带来更好的训练效果，而且越接近机体承受能力的极限，效果就越明显。运动训练学称之为负荷量度的临界值，它是实施大负荷强化训练的理论依据。由于训练阶段的不同和个体的差异，负荷量度的临界值具有动态变化特征和个体化特点。因此，实施大负荷的强化训练，应科学地测定和评价负荷量度的临界值。目前，我们对负荷极限的认识还没有完全把握的时候，通常应避免出现过度负荷训练。

（5）建立科学的监测诊断系统。在体能训练的过程中，应当选取可靠指标，建立运动负荷的监测、诊断系统，以便准确地判断负荷的适宜度和恢复程度，为训练决策提供准确的反馈信息，从而及时地对训练负荷计划进行调整和补充。

（6）正确处理负荷与恢复的关系。训练离不开负荷，没有负荷就不能称为训练；训练也离不开恢复，没有恢复，负荷只会导致机体能量物质的消耗，导致机能的下降。现代运动训练学极其强调负荷与恢复的协同效应，不是在训练后出现疲劳时才考虑恢复问题，而应该把负荷后的恢复放在整个训练计划之中，并严格遵循其原则与规律，使负荷与恢复科学有机地结合。

五、适时恢复原则

（一）适时恢复原则的概念

适时恢复原则是指在体能训练过程中，采用各种科学的恢复手段和方法，及时消除学员在训练中所产生的疲劳，并通过生物适应过程产生最大的超量恢复效果，使机体能力迅速得到充分的恢复和提高的训练原则。

（二）适时恢复原则的科学基础

（1）人体机能和能量储备的超量恢复机制。恢复是指人体机能和能量储备由负荷后暂时下降和减少的状态恢复到负荷前水平的过程。在恢复过程中，能源物质的补偿在一段时间内超过原有水平，这种现象叫作超量恢复。超量恢复的过程就是人体机能不断提高的过程，这也是体能训练的生理学机制。

在一定范围内，运动负荷越大，消耗越剧烈，恢复过程就越长，超量恢复也越明显。正是由于运动训练能引起超量恢复效应，才使提高人体机能成为可能，并为之奠定了物质基础。因此，运动训练中，并不是满足于回到先前水平的恢复，而是要积极追求超量恢复效果，从而促进运动水平提升。

（2）调整时机的重要性。训练中掌握好调整、恢复的时机是至关重要的。训练疲劳对机体的刺激应有一定的深度，并且，及时运用有效手段进行调整、恢复，才会产生理想的训练效果；反之，若没练到一定程度就调整，疲劳刺激深度不够，就不会产生超量恢复。然而，若调整和恢复不及时而造成疲劳积累、过度，则会引起机能劣变，心理上、生理上都会受到损伤。

（三）适时恢复原则的应用

（1）把握疲劳程度。准确判断疲劳程度是适时恢复的重要前提。判断的方法有自我感觉法、外部观察法、生理测试法和心理测试法。

（2）积极采取措施，加速机体的恢复。

①训练学恢复手段。主要包括变换训练内容和训练环境，交替安排负荷，调整训练间歇的时间与方式。如：在训练课中穿插一些轻松愉快、富于节奏性的练习；在恢复过程中，以轻微的肌肉活动和伸展练习帮助肌肉和血液中的乳酸更快消除。

②医学、生物学恢复手段。主要包括理疗恢复手段，如水浴、蒸气浴、旋涡浴、苏打碳酸浴、盐浴、珍珠浴、含氧浴、腐殖酸浴等。其他手段还有按摩、电兴奋、电睡眠、紫外线照射、红外线照射等。

③营养学恢复手段。由于运动时的能量消耗大，运动后的能量补充应注意各种营养素的适宜搭配。例如运动后吃不同的糖，对身体不同部位糖储存的恢复就有不同的影响。维生素及多种微量元素更是营养中的重要组成部分，它与运动能力的恢复有着密切的关系。

④心理学恢复手段。它主要是利用自我暗示、放松训练、气功、生物反馈等手段促进恢复。

六、区别对待原则

（一）区别对待原则的概念

区别对待原则是指在不同训练阶段，针对不同年龄、性别、身体发展水平的参训人员以及不同的训练条件，应有区别地组织安排各自相应的训练过程，给予相应的训练负荷的训练原则。

（二）区别对待原则的科学基础

运动训练过程是一个多因素交互参与影响的动态复合系统，决定了运动训练过程具有复杂多变的特点，它包括个体生理、心理差异，以及每个人在不同项目、不同阶段、不同训练环境和条件下身体和心理状态的多样性和多变性。这就要求我们在制定训练任务，安排训练内容、运动负荷和组织训练形式时，都要考虑多方面的因素。区别对待的原则既是身心发展的客观规律所要求的，也是组织实施训练所必需的。

（三）区别对待原则的应用

（1）把握区别对待的决定因素。分析决定区别对待的因素是实施有区别的训练、建立个体化训练模型的前提。决定区别对待的因素主要有：训练的时期和任务，包括体能形成的不同阶段和相应的训练目标；训练对象，包括身体素质基础、学习接受能力、思想意志品质等；训练条件，包括场地、器材、环境、气候等。我们在组织训练中分析、把握好这些因素，是真正贯彻区别对待原则的基础。

（2）正确处理训练中个性与共性的关系、个体训练与集体训练的关系。每个训练项目都有各自的特点和规律，通过各项目的特点又能反映出体能训练的共同规律。在一个训练集体中，所有的人都有各自不同的特点，但又有许多共性的东西。这就要求我们在安排训练计划时，把一般要求与个别对待有机结合起来，使各种练习都具有目的性、针对性和有效性。

（3）要及时准确地掌握训练人员的具体情况，根据本单位的实际条件与可能，因人、因时、因地制宜地安排训练计划、实施训练计划。

七、有效控制原则

（一）有效控制原则的概念

有效控制原则是指对运动训练活动实施有效控制的原则。训练中，要求准确把握和控制运动训练活动的各个方面或运动训练过程的各个阶段以及训练的内容、量度及实施，并对它们进行及时的和必要的调整，从而使训练活动能够更加科学、合理地进行，保证训练目标的实现。

（二）有效控制原则的科学基础

（1）现代控制论是实施有效训练控制的理论基础。控制是指对系统的有目的与有方向的调节、指挥和掌握。控制论即是对行为的对象及其变化施以有效的控制，以保证其朝着预定的方向运行，实现预期的目标。在运动训练过程中，我们也要运用这种理论方法，采集大量信息，对训练过程、训练对象及机能发展等不同系统实施不同程度的控制。实践证明，这种控制是可行而且必要的，对提高运动训练的实效有重要的作用。

（2）运动训练过程的多变性要求对其实施有效的控制。训练过程受多种动态因素的影响，包括思想情绪、训练条件、个人生物节奏、意外伤病等，这些因素会使参训学员的生理、心理发生相应的变化。只有对这些复杂变化的因素实施有效的控制，才能取得更好的训练效果。

（3）训练信息是实施有效训练控制的必备条件。信息是对客观事物的状态和特征的反映。运动训练信息反映着运动训练系统自身的各种状态和特征。运用信息反馈，可以了解训练的进展状况，评价训练人员的机能水平，对正在进行的训练过程进行有效的监测和调控。

（三）有效控制原则的应用

（1）制订科学的训练计划。制订科学的训练计划，是对运动训练过程实施有效控制的重要前提。科学的训练计划，应该紧紧围绕实现预先确立的目标，有机地组织训练过程的实施。因此，要想使训练过程按预定的方式顺利进行，就必须制订科学的训练计划。

（2）综合训练过程的各种因素，全方位实施训练控制。要在动态变化中实施对运动训练过程的有效控制，就应高度重视训练信息的采集和运用。通过各种诊断方式，采集大量训练信息，从中了解身体状态、机能、训练效应及各方面影响因素的变化，综合这些因素，及时做出决策，从而有效控制训练过程。

（3）及时对训练计划进行必要的修正和调整。由于人类机体的复杂变化及主客观多种因素的影响，预先制订的训练计划与现实状态不相适应的情况是时有发生的，这时，就需要对原定的计划进行调整和修正。调整和修正训练计划也是对训练过程进行有效控制的一个方面。根据所采集的训练信息，主动地对训练计划做出必要的、适宜的变更，以保证取得最佳训练效果，这是对运动训练过程实施有效控制的关键所在。

思考题

1. 简述定向培养士官生体能训练的理论基础。
2. 简述定向培养士官生体能训练的基本原则。
3. 试列举说明体能训练后的恢复手段及方法。

第三章 力量训练

第一节 上肢力量训练

课目一 俯卧撑

目的：发展上肢力量，增强个人力量素质。

要求：掌握俯卧撑的规范动作以及动作要领。

一、场地器材

平整的训练场地、体能服或练习服、运动鞋等。

二、动作过程

俯卧撑动作过程见图 3-1-1。

图 3-1-1 俯卧撑动作过程

（一）预备姿势

俯卧，双手略微宽于肩膀。五指自然分开，两手中指指向前方或者稍向内斜，两臂伸直，两腿并拢后伸，脚趾着地。全身挺直，头部稍微仰起。

（二）两臂下屈

屈臂时，要保持肩部在手背的上方，两肘要比肩高一些，全身平直，臀部不应高起或凹下。除手掌和脚趾以外，身体任何部位都不要和地面接触。

（三）两臂推伸

推伸时，主要靠伸肘的力量。两臂用力要均匀，身体要保持挺直姿势，腹部不要下沉。

三、训练方法

（一）利用器物进行推伸动作

目的：发展上臂肌群以及肩带肌群的力量。

方法：（1）扶在凳子上练习推伸，并逐渐降低凳子的高度（图 3-1-2）。

图 3-1-2　推伸练习

（2）扶在凳子上练习仰卧撑（图 3-1-3）。

图 3-1-3　仰卧撑练习

要求：身体不能松懈，"快起慢落"，做到力竭。

训练强度：最大摄氧量 85%。

持续时间：每周 4~5 次，每次 3~5 组，12 次/组。

训练间歇：1 分钟/组。

（二）瑞士球（健身球）俯卧撑

目的：发展上臂后部和肩部肌肉群力量。

方法：单脚或双脚脚尖撑地，直臂，双手撑在球上，身体成一条斜线；屈肘时使前臂"包"在球上，然后撑起身体，重复训练（图 3-1-4）。如果要加大难度，可以双手撑地，双脚放在球上进行练习（图 3-1-5）。

要求：用肘部以下引导身体下降，身体笔直，保持平衡。

图 3-1-4　瑞士球俯卧撑

图 3-1-5　脚靠瑞士球俯卧撑

训练强度：最大摄氧量 85%。

持续时间：每周 4~5 次，每次 3~5 组，8 次/组。

训练间歇：1 分钟/组。

（三）俯卧推手击掌

目的：发展胸部以及肩带肌群的力量。

方法：俯撑、屈肘，然后两手快速推地使身体腾空，在最高点快速击掌一到两次，落地时屈肘缓冲（图 3-1-6）。

图 3-1-6　俯卧推手击掌

要求：身体紧张，回落时注意屈肘缓冲。如需增加难度，可将瑞士球置于脚下。

训练强度：最大摄氧量 85%。

持续时间：每周 4~5 次，每次 3~5 组，10 次/组。

训练间歇：1 分钟/组。

四、注意事项

（一）保护与帮助

当学员屈臂俯撑力不足时，教员可双手轻托学员腰部，帮助学员完成动作。

（二）易犯错误

（1）俯撑及伸屈臂时"塌腰"，出现"点头"现象。

（2）屈臂时两肘屈肘不到位。

（三）纠正方法

（1）俯撑及伸屈臂时，腰、腹部紧张用力或辅助者用手托其腹部，使头、躯干、臀及腿呈一条直线。

（2）屈臂时，两肘内合，伸臂时两肘伸直，身体平直下移，重心落在两臂之间，肩部低于肘关节。

（四）技术要点

保持躯干稳定和上体平直，在身体下降至最低点时，上臂应与地面平行。

五、考核要求

（一）条件保障

平整的地面、计数器、记录台（员）、号码布等。

（二）基本规则

（1）完成标准：俯撑时，头、躯干、臀以及腿呈一条直线；在身体下降至最低点时，上臂应与地面平行。

（2）完成后，成绩记录单位为"次"。

课目二 单杠引体向上

目的：发展上肢力量，提高身体协调性，增强个人力量素质。

要求：熟悉上肢力量训练方法及原则，掌握基本动作要领。

一、场地器材

训练单杠、平整的场地/沙坑/体操垫、镁粉、体能服或练习服、运动鞋等。

二、动作过程

动作过程与握杠方法见图3-1-7。

图3-1-7 单杠引体向上

（一）预备姿势

脚跟提起，两膝分开成半蹲，两臂自然后张，五指并拢伸直，掌心相对，挺胸，目视器械。

（二）引体向上

直臂悬垂，学员跳起两手握杠（正握，两手握杠，拇指扣于食指第二关节并锁住，掌心不空出，跳起握杠时两手腕关节稍内扣，两手距离与肩同宽或比肩稍宽），两手屈臂用力拉杠，使身体向上，下颌过杠，还原成悬垂姿势，完成动作后跳下落地（图3-1-7）。

（三）落地姿势

落地时，两腿顺势弯屈，两臂前平举（稍比肩高），五指并拢伸直，掌心向内稍向下，上体保持正直，恢复立正姿势。以下单杠中各练习的预备姿势和落地姿势，均与此相同。

三、训练方法

俯撑爬行

目的：发展上肢、肩带肌群和腰腹肌群力量。

方法：学员含胸俯撑，教员抓住其双脚跟随学员一同前行（图3-1-8）。

图3-1-8　俯撑爬行

要求：身体呈一条直线，保持紧张。

训练强度：最大摄氧量85%。

持续时间：每周3次，每次3~5组，5米/组（往返）。

训练间歇：1分钟/组。

四、注意事项

（一）保护与帮助

保护者站在杠下学员背后一侧，当学员屈臂拉杠力不足时，保护者手扶学员的腿稍向上助力；保护者站在杠下学员背后一侧，当学员屈臂拉杠力不足时，保护者手扶学员两侧腋下向上稍助力。

（二）易犯错误

拉杠时，仰头挺胸，造成上体后仰上拉困难。

（三）纠正方法

拉杠时，含胸微屈髋，快速拉。

（四）技术要点

（1）拉杠时注意大臂和背阔肌的用力。

（2）下放时两臂适当放松。

（3）动作过程中躯干和下肢适度保持紧张。

五、考核要求

（一）条件保障

练习单杠、计数器、镁粉、记录台（员）、号码布等。

（二）基本规则

（1）完成标准：上拉时学员下颌高于杠面，放下时肘关节伸直视为完成一次练习（身体摆动幅度不宜过大）。

（2）完成后，成绩记录单位为"次"。

课目三　单杠曲臂悬垂

目的：发展上肢屈肌和肩背肌力量，提高克服自身体重能力。

要求：了解曲臂悬垂的训练方法，掌握正确的动作要领。

一、场地器材

训练单杠、平整的场地/沙坑/体操垫、镁粉、体能服或练习服、运动鞋等。

二、动作过程

学员面对单杠站立，双手反握杠，两手间距与肩同宽或稍宽，双膝弯曲。两脚适当用力蹬地跳起，双手同时做向上引体的动作，当下颌超过杠面后，保持下颌超过杠面的静力性屈臂动作姿势，双肘紧贴两肋，腰腹收紧，两腿并拢伸直（图3-1-9）。

三、训练方法

（一）哑铃或小杠铃胸前屈臂练习

目的：增强肱二头肌肌肉力量。

方法：学员两脚开立与肩同宽，双手抓握哑铃或小杠铃，双臂自然垂于体前。以肘关节为轴做前臂向上屈臂动作，上臂折叠后还原至准备姿势，重复练习（图3-1-10）。

图3-1-9　单杠曲臂悬垂　　　　图3-1-10　哑铃或小杠铃练习

要求：最大输出量，力竭为止。

训练强度：最大摄氧量85%。

持续时间：每周4~5次，每次3~5组，12次/组。

训练间歇：1分钟/组。

（二）斜身引体向上练习

目的：增强上肢屈肌和肩背肌群力量，提高克服自身体重的能力。

方法：学员站在单杠侧面，双手正握杠面成直臂斜身悬垂动作姿势。在保持斜身平板动作的基础上，双手做拉杠引体向上，使躯干、胸部或下颌贴近杠面，还原成准备姿势，重复练习（图3-1-11）。

图3-1-11　斜身引体向上练习

要求：直臂斜身保持膝关节伸直状态，两眼目视前上方。

训练强度：最大摄氧量85%。

持续时间：每周4~5次，每次3~5组，15次/组。

训练间歇：1分钟/组。

（三）俯卧平板支撑

目的：增强核心力量，提高克服自身体重的能力。

方法：学员双手或前臂支撑于地面，双脚脚趾着地，双膝伸直与身体成斜身平板静力性动作，根据学员的能力将该动作保持一定时间（图3-1-12）。

图3-1-12　俯卧平板支撑

要求：呼吸均匀，肩部、躯干、臀部尽量保持在一条直线上并维持一定的时间。

训练强度：最大摄氧量85%。

持续时间：每周4~5次，每次3~5组，2分钟/组。

训练间歇：1分钟/组。

（四）弹力带练习

目的：发展上肢屈肌和肩背肌力量，提高克服自身体重能力。

方法：选择适当的弹力带悬挂于单杠杠面上，双脚踩在弹力带下端，借助弹力带的收缩性，完成曲臂悬垂动作（图3-1-13）。

要求：充分借助弹力带的反作用力完成屈臂悬垂动作。

图 3-1-13　弹力带练习

训练强度：最大摄氧量 85%。

持续时间：每周 4~5 次，每次 3~5 组，10 次/组。

训练间歇：1 分钟/组。

四、注意事项

（一）保护与帮助

保护者站在杠下练习者背后一侧，当练习者屈臂拉杠力不足时，保护者手扶学员的腿稍向上助力。

（二）易犯错误

拉杠时，仰头挺胸，造成上体后仰上拉困难。

（三）纠正方法

拉杠时，含胸微屈髋，快速拉。

（四）技术要点

（1）拉杠时注意大臂和背阔肌的用力。

（2）保证静力性屈臂动作的稳定。

（3）动作过程中躯干和下肢适度保持紧张。

五、考核要求

（一）条件保障

练习单杠、计数器、镁粉、记录台（员）、号码布等。

（二）基本规则

（1）完成标准：当学员下颌超过杠面后，保持下颌超过杠面的静力性屈臂动作姿势一定时间（依据考核标准制定），双肘紧贴两肋，腰腹收紧，两腿并拢伸直。

（2）完成后，成绩记录单位为"秒"。

课目四　单杠卷身上

目的：发展上肢屈肌和肩背肌力量，提高平衡能力。

要求：熟练掌握并连贯完成单杠卷身上动作。

一、场地器材

训练单杠、平整的场地/沙坑/体操垫、镁粉、体能服或练习服、运动鞋等。

二、动作过程

直臂悬垂（图3-1-14①）— 卷身上（图3-1-14②③④）— 前跳下（图3-1-14⑤⑥）。

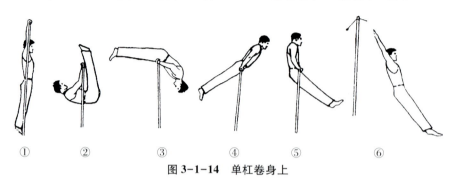

① ② ③ ④ ⑤ ⑥

图3-1-14 单杠卷身上

动作要领：直臂悬垂（图3-1-14①），两手屈臂用力拉杠，同时含胸收腹举腿，上体后倒（臂紧贴身体、眼看脚），继续用力拉杠腿向后上方伸出过杠，使腹部贴于杠上，翻转手腕，挺胸抬头，伸直臂成正撑（图3-1-14④）。

前跳下：上体后倒，微收腹屈臂，两腿向前下自然送出，顺势直臂跳下（图3-1-14⑥）。

三、训练方法

（一）仰卧收腹举腿

目的：体会收腹举腿，增强腹部力量。

方法：学员仰躺在地面或体操垫上，屈肘；双手握住协助者的踝关节处，最大幅度地收腹举腿、屈髋、抬臀（图3-1-15）。

图3-1-15 仰卧收腹举腿

要求：学员尽最大能力完成收腹举腿。

训练强度：最大摄氧量85%。

持续时间：每周4次，每次3~5组，20次/组。

训练间歇：1分钟/组。

（二）收腹举腿后滚翻

目的：体会收腹举腿与抬头腿后伸的用力顺序和动作空间感觉。

方法：学员仰卧在垫子或地面上，双腿并拢伸直，双臂曲臂置于肩侧，上体贴紧地面，含胸收腹、屈髋，两腿并拢伸直向头部收缩；当两脚着地瞬间，迅速抬头，双手支撑推地成蹲撑。

要求：学员举腿后，后滚翻动作连贯。

训练强度：最大摄氧量85%。

持续时间：每周4次，每次3~5组，15次/组。

训练间歇：1分钟/组。

（三）肋木收腹举腿

目的：体会固定上肢的情况下身体协调用力和用力顺序，发展腹部力量。

方法：学员在肋木上固定上肢的情况下，进行"屈腿、直腿收腹举腿"动作练习（图3-1-16）。

图3-1-16　肋木收腹举腿

要求：上肢固定，下肢主动发力。

训练强度：最大摄氧量85%。

持续时间：每周4~5次，每次3~5组，15次/组。

训练间歇：1.5分钟/组。

四、注意事项

（一）保护与帮助

卷身上时，保护者站在杠下一侧，当学员卷身向上力量不足时，保护者手推学员的臀部和肩向上稍用力助其完成；前跳下时，保护者站在杠下一侧，当学员身体后倒前送腿时，保护者手托其臀部或背部协助其跳下。

（二）易犯错误

拉杠时挺胸抬头过早，造成收腹举腿困难；上体后倒时，臂放松，身体下沉，难以完成动作。

（三）纠正方法

握低杠站立，一脚蹬地一腿向上摆起，腹贴杠，在助力下体会动作。

（四）技术要点

手臂拉杠时上体迅速主动贴杠，把握翻腕时机。

五、考核要求

（一）条件保障

练习单杠、计数器、镁粉、记录台（员）、号码布等。

（二）基本规则

（1）完成标准：悬垂、拉杠、支撑、跳下，动作舒展、连贯。

（2）完成后，由教练员或训练员依据单杠卷身上动作完成标准对学员动作完成情况进行考量。

课目五　单杠支撑后回环

目的：增强上肢肌肉控制能力，发展平衡能力。

要求：回环流畅，动作自然。

一、场地器材

训练单杠、平整的场地/沙坑/体操垫、镁粉、体能服或练习服、运动鞋等。

二、动作过程

由支撑开始，腿前摆、肩前倾、臂撑直，随后两腿用力向后摆，腹部离杠，身体高于肩水平；在身体下落髋部触杠瞬间，梗头、屈髋、两腿前摆、两臂压杠，上体后倒绕杠回环；待上体回环至 3/4 周时，腿制动、伸髋、抬头、翻腕成支撑（图 3-1-17）。

图 3-1-17　单杠支撑后回环

三、训练方法

（一）手倒立

目的：增强上肢力量，提高上肢肌肉和各关节力量。

方法：学员由直立姿势开始，两臂前举，一腿前跨，接着上体前倒，两手向前撑地，与肩同宽，稍含胸，眼看手。一腿后摆，一脚蹬地，接近倒立时，两腿并拢上伸、顶肩、立腰、夹臀，伸直身体成手倒立（图 3-1-18）。

图 3-1-18　手倒立

要求：腰腹收紧，每完成一组持续一定时间，做到力竭。

训练强度：最大摄氧量 90%。

持续时间：每周 3 次，每次 3~5 组，2 分钟/组。

训练间歇：2 分钟/组。

（二）顶肩撑杆辅助练习

目的：纠正学员摆腿时腹部不离杠及摆腿至最高点时肩后移的错误动作；同时，提高学员腰的控制能力，防止腿后摆时塌腰。

方法：学员于体操垫上成俯撑，教员站在学员正后方，抬起学员双脚与地面平行或稍高于肩（图 3-1-19）。

图 3-1-19　顶肩撑杆辅助练习

要求：当腿抬至最高点时，肩位于手与地面支撑点的正上方，腰收紧。

训练强度：最大摄氧量 85%。

持续时间：每周 4~5 次，每次 3~5 组，3 分钟/组。

训练间歇：2 分钟/组。

四、注意事项

（一）保护与帮助

保护者站在杠下一侧，当学员上体后倒回环时，手托其臀部，使其腹部靠杠。回环至肩过杠下后，手托肩和扶腿。

（二）易犯错误

腹部贴杠时，上体无后倒，收腹屈体过大；回环时，腹部离杠，臀下沉，影响动作完成。

（三）纠正方法

在低杠体会动作要领。

（四）技术要点

（1）后摆时，直臂含胸。

（2）腹部靠杠时，梗头倒肩、直臂压杠。

（3）回环至杠前水平时，背腿制动，抬肩、挺胸成支撑。

（4）直臂直体，回环连贯。

五、考核要求

（一）条件保障

练习单杠、计数器、镁粉、记录台（员）、号码布等。

（二）基本规则

（1）完成标准：回环流畅，动作自然。

（2）完成后，由教练员或训练员依据单杠支撑后回环动作完成标准对学员动作完成情况进行考量。

课目六　单杠立臂上

目的：增强肱二头肌、肱三头肌和前臂肌群力量。

要求：双手立臂支撑身体于杠上，成支撑姿势。

一、场地器材

训练单杠、平整的场地/沙坑/体操垫、镁粉、体能服或练习服、运动鞋等。

二、动作过程

直臂悬垂，两手用力屈臂拉杠至胸部时，右（左）手顺势向上迅速翻腕立肘，同时身体稍向左（右）转含胸微收腹，重心移于右（左）臂，左（右）手翻腕立肘，身体稍向右（左）转，上体前倾，用力撑杠，两臂伸直成正撑（图3-1-20）。

图3-1-20　单杠立臂上

三、训练方法

颈前宽握引体向上

目的：增强背阔肌和肩部肌群力量。

方法：两臂悬垂在单杠上，两手间距基本与肩膀同宽，正手握紧单杠，使腰背以下部位放松，背阔肌充分伸长，两小腿自然伸直并拢。在向上拉的过程中，集中背阔肌的收缩力，屈臂带动身体向上，使单杠接触到颈前锁骨处，停2~3秒。然后呼气，以背阔肌的收缩力量控制住，使身体慢慢下降到起始姿势，重复练习（图3-1-21）。

图 3-1-21　颈前宽握引体向上

要求：两手间距基本保持与肩同宽，充分伸展背阔肌和肩部肌群。

训练强度：最大摄氧量85%。

持续时间：每周4~5次，每次3~5组，12次/组。

训练间歇：1分钟/组。

四、注意事项

（一）保护与帮助

保护者站在杠下一侧，当学员立不起臂时，两手扶腿稍用力助之完成。

（二）易犯错误

动作不连贯，转体过早（肩未过杠），立肘困难，翻肘立臂时，收腹过大，臀部下沉，影响立臂上。

（三）纠正方法

握低杠站立（肩略高于杠），体会转体翻腕立臂动作，在保护者的帮助下体会动作要领。

（四）技术要点

在克服自身重力的情况下，利用上肢肌肉力量，使自己成支撑状态。

五、考核要求

（一）条件保障

练习单杠、计数器、镁粉、记录台（员）、号码布等。

（二）基本规则

（1）完成标准：动作完成连贯，迅速。

（2）完成后，由教练员或训练员依据单杠力臂上动作完成标准对学员动作完成情况进行考量。

课目七　单杠骑撑前回环

目的：增强上肢肌肉控制能力，发展平衡能力。

要求：主动提重心、前跨、倒上体。

一、场地器材

训练单杠、平整的场地/沙坑/体操垫、镁粉、体能服或练习服、运动鞋等。

二、动作过程

两手反握杠，两臂伸直，撑起身体，前腿绷直抬起，向前迈出，后腿靠杠，上体前倾，目视前方；回环接近3/4周时，前腿伸压杠，压臂与上体，翻腕成骑撑（图3-1-22）。

图3-1-22　单杠骑撑前回环

三、训练方法

（一）单杠主动提跨辅助练习

目的：增强学员的器械感知能力，使学员能主动提重心前跨，感受在器械上重心的变化。

方法：学员在单杠上，反手握杠做提重心、跨腿练习。教员站于单杠正前方，脚前后站立，右手抵住学员脚掌，左手握住学员脚踝；当学员前跨时，教员抵住学员脚掌，给其一定的阻力，迫使学员更加主动地向前跨（图3-1-23）。

要求：教员在给学员一定阻力的同时，也要顺势做缓冲动作。

保护与帮助：保护者站在学员正前方，脚前后开立，右手托住学员脚掌，左手握住学员脚踝；当学员前跨时，保护者双手顺势地向后再向下边阻碍边给其缓冲，最后托住学员前腿。

图 3-1-23　单杠主动提跨辅助练习

训练强度：最大摄氧量 75%。

持续时间：每周 2 次，每次 3~5 组，12 次/组。

训练间歇：1 分钟/组。

（二）屈腕

目的：发展前臂前部和屈腕肌群力量。

方法：双手轻持杠铃坐在矮凳子上，肘部放在膝盖上，连续进行手腕屈伸动作，见图 3-1-24。

图 3-1-24　屈腕

要求：前臂与上臂成 90 度夹角，只用腕部完成动作；前臂与地面保持 45 度夹角。

训练强度：最大摄氧量 75%。

持续时间：每周 2 次，每次 3~5 组，12 次/组。

训练间歇：2 分钟/组。

四、注意事项

（一）保护与帮助

保护者站在学员前腿一侧，当学员前腿前倒时，保护者手托学员前腿向上用力；当学员回环接近 3/4 周时，保护者手托学员摆动腿，协助其完成动作。

（二）易犯错误

上体前倒时，身体未撑起，腿未伸出；回环时，屈臂收腹过大，臀部下沉。

（三）纠正方法

在低杠前放一纵马，做上体前倾、脚踏马练习，体会撑、迈、倒要领；教员在杠前放一标志物，诱导学员向前迈腿前倾，协助其完成动作。

（四）技术要点

（1）要提重心，前跨、倒上体，前脚要加速向前跨出。

（2）超过单杠下方垂直面时，前腿下压使根部靠杠。

（3）上体过杠后，要翻腕、握杠成骑撑，保持两腿的夹角在90度以上，然后两脚分开、手臂伸直、直腿完成回环一周。

五、考核要求

（一）条件保障

练习单杠、计数器、镁粉、记录台（员）、号码布等。

（二）基本规则

（1）完成标准：动作完成连贯，学员主动提重心、前跨、倒上体。

（2）完成后，由教练员或训练员依据单杠骑撑前回环动作完成标准对学员动作完成情况进行考量。

课目八　单杠支撑后倒弧形下

目的：增强上肢和腰腹肌力量，发展空间感觉判断能力。

要求：身体在空中弧形落下。

一、场地器材

训练单杠、平整的场地/沙坑/体操垫、镁粉、体能服或练习服、运动鞋等。

二、动作过程

由支撑开始，上体迅速后倒，顺势举腿翻臀，使大腿上部尽量靠杠，接着两腿沿杠向前上方加速伸腿送髋抬头，同时积极直臂向后引杠。推杠后，两腿前伸下压，抬头挺身，使身体在空中经弧形落下（图3-1-25）。

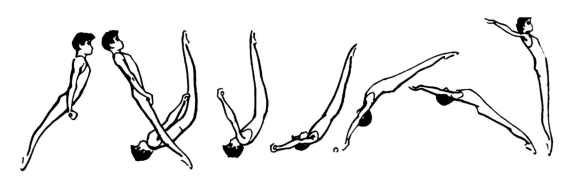

图 3-1-25　单杠支撑后倒弧形下

三、训练方法

（一）杠铃曲腕

目的：发展前臂前部和曲腕肌群力量。

方法：双手持杠铃坐在矮凳子上，肘部放在膝上；连续进行手腕屈伸动作（图 3-1-26）。

图 3-1-26　杠铃曲腕

要求：肘关节大约 90 度夹角，只用腕部完成动作；前臂与地面保持 45 度夹角。

训练强度：最大摄氧量 70%。

持续时间：每周 4~5 次，每次 3~5 组，12 次/组。

训练间歇：1 分钟/组。

（二）支撑后倒弧形摆（两手不松杠）辅助练习

目的：增强学员对器械的感知能力，确保弧形摆动的幅度。

方法：学员双手握杠做支撑后倒弧形摆动练习，为了增大弧形下的高度，可在杠前 1 米左右处放置一条绳子或橡皮筋，与杠平齐或高于杠。让学员在支撑后倒弧形下时从标志物上面越过去，注意保护与帮助。

要求：弧形摆动幅度要大。

保护与帮助：保护者站在杠前，一手从杠下反握学员的手腕，另一手在其后倒伸腿时托腰，帮助送臀部。

训练强度：最大摄氧量 85%。

持续时间：每周 3 次，每次 3 组，8 次/组。

训练间歇：1 分钟/组。

四、注意事项

（一）保护与帮助

教员站在杠前学员侧方，一手托学员的肩，一手托学员的腰，帮助学员向前上方伸腿送髋。落地时，教员换成一手扶学员肩，一手扶学员腹部。

（二）易犯错误

（1）上体后倒时，臀部落下，两腿举不高。

（2）两腿振出的方向太低。

（3）振出时，低头屈臂，额头容易碰杠。

（4）振出时，身体没有挺起或过早低头，落地时容易跌倒。

（三）纠正方法

（1）低杠下的弧形摆动。

（2）增强学员上肢及肩背部肌群力量。

（四）技术要点

（1）上体后倒时，两臂压紧，使臀部保持一定高度。

（2）上体后倒和两腿举起要同时，身体尽可能保持伸直，髋关节不应过早或过多地弯曲，应在身体成水平部位时，才稍稍弯曲髋关节。

（3）肩部过水平位置时，两腿开始向上蹬出，同时两臂伸直用力顶杠。

（4）保持挺胸抬头的空中姿态，落地及时回收。

五、考核要求

（一）条件保障

练习单杠、计数器、镁粉、记录台（员）、号码布等。

（二）基本规则

（1）完成标准：动作完成连贯，稳定性强。

（2）完成后，由教练员或训练员依据单杠支撑后倒弧形下动作完成标准对学员动作完成情况进行考量。

课目九　双杠屈臂撑

目的：增强胸肌、肱三头肌和三角肌前束力量。

要求：下放的速度要慢，不要降太低，以免对肩关节压力大；身体不可随意晃动，要保持平衡。

一、场地器材

训练双杠、平整的场地/沙坑/体操垫、镁粉、体能服或练习服、运动鞋等。

二、动作过程

由直臂支撑开始。屈臂时，两肘向后，身体自然下垂，肩低于肘。伸臂时，两肘内合用力撑杠成直臂；支撑下杠时，上体后移，两手前推杠落地（图3-1-27）。

图3-1-27　双杠屈臂撑

三、训练方法

（一）双球支撑扩胸

目的：发展胸部、肩部肌肉力量以及身体支撑和稳定能力。

方法：把两个瑞士球左右相邻放在地上，俯撑，两手屈臂承载球上；将两球向外侧滚动，打开双臂直到自己能够控制的动作幅度；收回双臂，将球滚回原来位置。

要求：身体完全伸直（肩部有伤时勿做此动作）。

训练强度：最大摄氧量85%。

持续时间：每周4~5次，每次3~5组，15次/组。

训练间歇：2分钟/组。

（二）夹肘俯卧撑

目的：发展肱三头肌力量以及腰腹力量。

方法：双肘对准脚尖，双手着地的位置小于肩关节的宽度；弯曲肘关节最小成90度角，降低胸离地面距离；伸直肘关节成开始姿势。

要求：躯干伸直。

训练强度：最大摄氧量85%。

持续时间：每周4~5次，每次3~5组，12次/组。

训练间歇：1分钟/组。

四、注意事项

（一）保护与帮助

保护者站在学员的侧后方，当学员力量不足时，保护者两手扶腿向上助力。

（二）易犯错误

屈臂时两腿后撩，上体前冲；伸臂时两肘外张，挺胸，造成伸臂困难。

（三）纠正方法

在低杠做屈臂动作，体会含胸、微曲髋动作；伸臂时，体会两肘内合撑杠动作；做完整动作练习。

（四）技术要点

充分借助上肢力量保持身体平衡。

五、考核要求

（一）条件保障

练习双杠、计数器、镁粉、记录台（员）、号码布等。

（二）基本规则

（1）完成标准：①身体无晃动；②操作过程中，屈臂时肩低于肘（小于90度），上起伸臂时肘关节完全伸直；③各单位依据训练标准制定达标个数。

（2）完成后，成绩记录单位为"次"。

课目十　双杠支撑摆动屈臂撑

目的：增强上肢力量，提高身体控制能力。

要求：摆动与支撑衔接连贯，保持身体的连续紧张状态。

一、场地器材

训练双杠、平整的场地/沙坑/体操垫、镁粉、体能服或练习服、运动鞋等。

二、动作过程

由支撑前摆开始，直臂顶肩，后摆时稍屈髋并加速后摆，当接近最高点时，双臂顶杠防止向前冲肩，同时两臂主动弯曲下降，控制身体顺势向前摆动，过杠下垂直部位后稍屈髋，前摆同时两臂下压杠，伸直两臂（图3-1-28）。

图3-1-28　双杠支撑摆动屈臂撑

三、训练方法

（一）屈臂前后摆动

目的：加强上肢控制能力，掌握支撑摆动鞭打腿技术。

方法：学员于双杠上屈臂撑杠悬垂，身体紧张，脚尖带动身体前后摆动，前摆至垂直位时稍展髋，过垂直位后向前上加速鞭打腿；后摆时稍展髋，脚尖带动身体向后上方摆动

（图3-1-29）。

　　要求：前摆至垂直位时留腿，过垂直位后加速鞭打腿；后摆稍展髋，向后上方加速摆腿。

图3-1-29　屈臂前后摆动

　　训练强度：最大摄氧量85%。

　　持续时间：每周4~5次，每次3~5组，8次/组。

　　训练间歇：1分钟/组。

　　（二）双杠屈臂撑

　　目的：加强上肢力量和控制身体的能力。

　　方法：学员从跳上成支撑开始，控制身体，上下屈臂伸，下降时稍缓慢，推起时快速将手臂推直（图3-1-30）。

图3-1-30　双杠屈臂撑

　　要求：控制身体，下降缓慢，上起快速推直手臂。

　　训练强度：最大摄氧量85%。

　　持续时间：每周4~5次，每次3~5组，13次/组。

　　训练间歇：1分钟/组。

　　（三）瑜伽带屈臂撑练习

　　目的：发展上肢力量、控制身体姿势的能力，提高身体协调性。

　　方法：将瑜伽带绑在双杠之间，学员双脚踩在瑜伽带上由支撑开始，控制身体小幅度前后摆动，慢慢过渡到支撑大摆动（图3-1-31）。

图 3-1-31　瑜伽带屈臂撑练习

训练强度：最大摄氧量 85%。

要求：控制身体，下降缓慢，上起快速推直手臂。

持续时间：每周 4~5 次，每次 3~5 组，8 次/组。

训练间歇：1 分钟/组。

四、注意事项

（一）保护与帮助

保护者站在学员一侧，当学员向前上方踢腿时，保护者手托学员的臀部向上用力。

（二）易犯错误

屈臂过早或过晚，造成肩前冲和砸浪，前摆踢腿过早或过晚，影响伸臂动作。

（三）纠正方法

在斜杠上（面向低杠）做摆动臂屈伸动作，体会臂屈伸的时机、方法，在高杠上做屈臂支撑摆动动作，体会前摆踢腿动作。

（四）技术要点

（1）两臂弯曲时身体应保持伸直。

（2）屈臂前摆时两肘内夹。

（3）先屈臂后下摆，上摆的同时伸直两臂。

五、考核要求

（一）条件保障

练习双杠、计数器、镁粉、记录台（员）、号码布等。

（二）基本规则

（1）完成标准：摆动与屈臂衔接连贯，依据双杠摆动屈臂撑动作标准进行考核。

（2）完成后，由教练员或训练员依据学员动作完成情况进行考量。

课目十一　双杠支撑前移（女）

目的：发展上肢力量及上下肢协调配合能力，掌握一定的移动技巧和维持身体平衡的能力。

要求：支撑移动时身体重心保持平稳。

一、场地器材

训练双杠、平整的场地/沙坑/体操垫、镁粉、体能服或练习服、运动鞋等。

二、动作过程

由直臂支撑开始。学员身体自然下垂，双腿合并，两臂撑于双杠双侧，身体随左右手的移动而向前（图3-1-32）。重复练习。

图 3-1-32　双杠支撑前移（女）

三、训练方法

（一）耸肩

目的：发展斜方肌力量。

方法：站姿，直臂握杠铃或哑铃于大腿处，正握或反握均可。

要求：通过斜方肌的收缩耸肩，提拉杠铃向双耳方向运动，至动作的最高点后变为向后转动双肩，然后缓慢地降低双肩直至杠铃回落至开始位置。在整个动作过程中，应保持双臂伸直。重复8~12次至肌肉力竭。

训练强度：最大摄氧量85%。

持续时间：每周4~5次，每次3~5组，15次/组。

训练间歇：1分钟/组。

（二）手倒立

目的：增强上肢力量，提高上肢肌肉和各关节力量。

方法：学员由直立姿势开始，两臂前举，一腿前跨，接着上体前倒，两手向前撑地，与肩同宽，稍含胸，眼看手。一腿后摆，一脚蹬地，接近倒立时，两腿并拢上伸、顶肩、立腰、夹臀，伸直身体成手倒立（图3-1-33）。

图 3-1-33　手倒立

要求：腰腹收紧，每完成一组持续一定时间，做到力竭。

训练强度：最大摄氧量90%。

持续时间：每周3次，每次3~5组，2分钟/组。

训练间歇：2分钟/组。

四、注意事项

（一）保护与帮助

教员站立于学员两侧，一手托住学员髋部，一手握住学员上臂，帮助其发力。

（二）易犯错误

支撑不稳，重心起伏大。

（三）纠正方法

对学员进行辅助练习，在行进间扶其髋部。

（四）技术要点

（1）直臂支撑，重心随手臂移动而移动。

（2）行进间不宜操之过急。

五、考核要求

（一）条件保障

练习双杠、镁粉、记录台（员）、号码布等。

（二）基本规则

（1）完成标准：学员按动作标准完成双杠前移的时间为其考核成绩。

（2）当学员出现落杠等失误动作时，判为失败，不记录成绩。

（3）完成后，由教练员或训练员依据学员动作完成情况进行打分。

课目十二　双杠挂臂屈伸上

目的：发展上肢力量、腹背肌力量和控制身体姿势的能力。

要求：伸髋制动腿要主动，压杠、急振起肩要及时。

一、场地器材

训练双杠、平整的场地/沙坑/体操垫、镁粉、体能服或练习服、运动鞋等。

二、动作过程

由挂臂摆动开始，当身体前摆过垂直位，两腿向前上方摆起，两臂压杠使臀部出杠，并收腹举腿成躯体挂臂撑，接着两腿迅速向前上方伸出送髋展体，当伸展至身体充分伸直时积极制动腿，同时两直臂压杠，上体急振上成支撑（图3-1-34）。

图 3-1-34　双杠挂臂屈伸上

42

三、训练方法

（一）双杠折腹

目的：发展腰腹力量，提高器械感知能力。

方法：学员跳起成挂臂撑，收腹举腿引体摆浪，当双腿向上摆动约与双杠平齐时，迅速收腹屈腿，使身体成折叠姿势，而后放下（图3-1-35）。

图 3-1-35　双杠折腹

要求：双腿尽全力折叠，腰腹收紧。

训练强度：最大摄氧量85%。

持续时间：每周4~5次，每次3~5组，15次/组。

训练间歇：1.5分钟/组。

（二）双杠仰卧起

目的：锻炼腹直肌、腹斜肌和腰大肌。

方法：学员将两腿挂于双杠上，身体呈倒挂杠，两手抱头，用力收腹，使身体向上抬，做屈体运动（图3-1-36）。

图 3-1-36　双杠仰卧起

要求：腰腹主动发力，肘关节向膝关节触碰。

训练强度：最大摄氧量85%。

持续时间：每周4~5次，每次3~5组，20次/组。

训练间歇：1.5分钟/组。

四、注意事项

（一）保护与帮助

保护者站在杠侧，在学员屈伸时，一手扶其上臂，一手托其腰或背，帮助其上起呈支撑。

（二）易犯错误

（1）前摆缺乏屈髋踢腿动作，单纯靠急振上体和跟肩压臂，因此前摆上无力，速度不快，幅度小。

（2）前摆举腿过多，而又没及时制动腿，上成支撑后，身体不易伸出，造成后倒。

（3）压臂无力也是造成支撑肩后倒的原因之一。

（三）纠正方法

加强学员髋关节力量以及手臂力量。

（四）技术要点

（1）屈伸时，控制腿的方向。

（2）制动的同时两臂用力朝后下方压杠，振上体。

（3）制动腿和压臂配合要协调。

五、考核要求

（一）条件保障

练习双杠、镁粉、记录台（员）、号码布等。

（二）基本规则

（1）完成标准：由挂臂摆动开始，屈伸、压杠动作流畅，自然。

（2）当学员出现落杠等失误动作时，判为失败，不记录成绩。

（3）完成后，由教练员或训练员依据双杠挂臂屈伸上动作标准对学员动作完成情况进行打分。

课目十三　双杠直角支撑

目的：发展上肢力量以及腰腹肌力量。

要求：直臂成支撑，上体与两大腿成直角，持续一定时间。

一、场地器材

训练双杠、平整的场地/沙坑/体操垫、镁粉、体能服或练习服、运动鞋等。

二、动作过程

由直臂支撑开始，两手紧握双杠，保持头部正直、躯干纵轴与双杠垂直，两大腿屈与躯干成直角，膝关节伸直（图3-1-37）。

图 3-1-37　双杠直角支撑

三、训练方法

（一）仰卧两头起

目的：发展腹部肌群力量和爆发力。

方法：学员仰卧在垫子上，身体充分伸展，双臂贴在头两侧伸直；用肌群力量快速屈体，使手和脚在空中接触（图3-1-38）。重复练习。

图 3-1-38　仰卧两头起

要求：四肢充分伸直；手和脚做到同起同落，快速完成。

训练强度：最大摄氧量90%。

持续时间：每周3次，每次3~5组，20个/组。

训练间歇：1分钟/组。

（二）推举

目的：发展肩部和臂部力量。

方法：提铃至胸，双手以肩宽握杠铃，肘关节在杠铃下方；提胸，推举杠铃至头上，上举时吸气，放下时呼气（图3-1-39）。重复练习。

图 3-1-39　推举

要求：双腿和髋关节固定，也可采用坐姿练习；练习间歇是以胸部支撑杠铃为准，而不是双臂推举杠铃。

训练强度：最大摄氧量75%。

持续时间：每周3次，每次3~5组，12个/组。

训练间歇：1分钟/组。

四、注意事项

（一）保护与帮助

保护者站在双杠两侧，当学员成直角支撑时，保护者一手轻托学员髋部，一手扶学员手臂，帮助学员保持动作姿势。

（二）易犯错误

上体不舒展；两大腿与躯干不成直角。

（三）纠正方法

保证上体充分舒展的情况下，保护者可扶学员脚踝帮助其完成动作。

（四）技术要点

（1）手臂与杠面垂直。

（2）上体与大腿垂直。

五、考核要求

（一）条件保障

练习双杠、镁粉、记录台（员）、号码布等。

（二）基本规则

（1）完成标准：两眼目视前方，保持头部正直、躯干纵轴与双杠垂直，两大腿屈与躯干成直角。

（2）当学员出现落杠、上体与大腿未成直角等失误动作时，判为失败，不记录成绩。

（3）学员按双杠直角支撑动作标准完成双杠直角支撑的时间（秒）为其考核成绩。

课目十四　双杠挂臂前摆上

目的：发展腰背肌力量，提高身体协调性。
要求：挂臂撑起摆，动作自然流畅。

一、场地器材

训练双杠、平整的场地/沙坑/体操垫、镁粉、体能服或练习服、运动鞋等。

二、动作过程

由挂臂摆动开始，后摆时，两臂微屈压杠。两腿向后上方摆起，稍出杠面。前摆时，两臂压紧杠面，伸腿展髋。当身体前摆至垂直面时，两臂稍下沉，两腿摆过垂直部位时，含胸稍曲髋，迅速向前上方摆起。当两腿摆至杠面时，立即前伸制动腿，同时两臂迅速用力压杠，含胸、梗头，急振上体，上起成支撑，腿和臀部尽量向前上方远伸（图3-1-40）。

图 3-1-40　双杠挂臂前摆上

三、训练方法

（一）杠铃硬拉

目的：发展背部肌群力量。

方法：身体直立，双脚左右开立约一肩半宽，双手在大腿两侧前方手握杠铃，微仰头；身体前屈，使杠铃接触地面，躯干前屈时呼气，上挺时吸气（图 3-1-41）。重复练习。

要求：膝关节保持伸直，背部肌肉主动发力；双臂保持伸直。

训练强度：最大摄氧量 75%。

持续时间：每周 3 次，每次 3~5 组，12 个/组。

训练间歇：1 分钟/组。

图 3-1-41　杠铃硬拉

（二）仰卧转髋

目的：发展腹部和躯干两侧肌群力量和爆发力。

方法：仰卧在垫子上，双手握在头后固定在横杠上，收腹屈膝；快速向身体两侧转髋，使腿贴在垫子上（图 3-1-42）。

图 3-1-42　仰卧转髋

要求：双腿并拢，贴在垫子上；只用腰部力量完成动作。

训练强度：最大摄氧量 75%。

持续时间：每周 3 次，每次 3~5 组，20 个/组。

训练间歇：1 分钟/组。

四、注意事项

（一）保护与帮助

保护者站在学员一侧，当学员前摆上时，保护者手从杠下托学员臀部迅速向前上方助力；学员完成动作后，保护者手立即收回。

（二）易犯错误

向前上方踢腿过早或过晚，踢腿时，压臂与上体急振脱节。

（三）纠正方法

在中低杠上挂臂撑，做一腿前摆、一脚蹬地前摆上，体会踢、压、振的动作要领；将杠一端放低，面向低端做挂臂撑前摆上。

（四）技术要点

（1）前摆接近极点时要立即制动腿。

（2）制动腿和两臂用力压杠要协调，防止拉杠。

（3）上体上起呈支撑时，肩轴要积极向前上移动。

五、考核要求

（一）条件保障

练习双杠、镁粉、记录台（员）、号码布等。

（二）基本规则

（1）完成标准：学员按动作标准完成双杠挂臂前摆上为其考核成绩。

（2）当学员出现落杠、前摆未成支撑等失误动作时，判为失败，不记录成绩。

（3）完成后，由教练员或训练员依据学员动作完成情况进行打分。

课目十五　双杠挂臂后摆上

目的：发展肩部、臀部肌肉力量以及腹背肌群力量。

要求：挂臂撑起摆，动作自然流畅。

一、场地器材

训练双杠、平整的场地/沙坑/体操垫、镁粉、体能服或练习服、运动鞋等。

二、动作过程

由屈体挂臂撑开始，两腿向前上方远伸抛浪，髋关节展开，臀部远送，同时两手拉杠，使肩前移接近握点，身体由前向后摆，当身体接近杠下垂直部位时，髋关节稍屈，肩稍下沉，经过杠下垂直部位后，用力向后上方摆腿展髋。两腿摆过杠面后，两臂用力压杠，同时含胸，肩稍前移，推其两臂成支撑，两腿继续上摆（图3-1-43）。

图 3-1-43　双杠挂臂后摆上

三、训练方法

（一）头后拉

目的：发展胸部、肩下部和臀部力量。

方法：背靠在横向长凳或山羊上，双手持轻杠铃片于头上方，双脚前后开立于地面；向头后沿半圆路线下降杠铃片，然后沿原路线举起杠铃片；放下杠铃片时吸气，举起杠铃片时呼气（图 3-1-44）。

图 3-1-44　头后拉

要求：可根据实际情况调整手臂间距，或直臂拉引练习。

训练强度：最大摄氧量 80%。

持续时间：每周 3 次，每次 3~5 组，12 个/组。

训练间歇：2 分钟/组。

（二）颈后推举

目的：发展肩上部、后部和臂部力量。

方法：手提杠铃至颈后肩上，双手约以一肩半宽握杠铃，肘关节在杠铃下方；挺胸，推举杠铃至头上，上举时吸气，放下时呼气（图 3-1-45）。重复练习。

图 3-1-45　颈后推举

要求：双腿和髋关节固定，也可以采用坐姿练习。

训练强度：最大摄氧量 80%。

持续时间：每周 3 次，每次 3~5 组，12 个/组。

训练间歇：2 分钟/组。

四、注意事项

（一）保护与帮助

保护者站在学员的侧面，当学员做屈体挂臂撑，两腿和臀部向前上方摆出时，保护者一手在杠下托其肩，另一手托其腰背，向前上方送出；学员后摆时，保护者托送其腹部帮助其上摆呈支撑。

（二）易犯错误

（1）摆幅太小。

（2）后摆上时提臀，甩腿加速时间太早。

（三）纠正方法

（1）由屈体挂臂撑开始，练习弧形出浪、屈臂引肩动作。

（2）在后摆上时用语言提示提臀和甩腿加速的时机。

（四）技术要点

（1）两腿向前上方远伸前摆时，必须使肩前移接近握点。

（2）身体在后摆过杠下垂面后，用力向后上方摆腿。

（3）呈支撑时腿仍要继续上摆，勿制动腿。

五、考核要求

（一）条件保障

练习双杠、镁粉、记录台（员）、号码布等。

（二）基本规则

（1）完成标准：学员依据动作标准完成双杠挂臂后摆上为其考核成绩。

（2）当学员出现落杠、后摆未成支撑等失误动作时，判为失败，不记录成绩。

（3）完成后，由教练员或训练员依据学员动作完成情况进行打分。

课目十六　双杠支撑后摆下

目的：发展上肢力量，提升动态平衡的控制能力以及身体灵巧性。

要求：后摆充分，推手换杠迅速。

一、场地器材

训练双杠、平整的场地/沙坑/体操垫、镁粉、体能服或练习服、运动鞋等。

二、动作过程

由支撑摆动开始（以向左侧下为例），当身体后摆过垂直面时，两腿用力向后上方摆起，将至极点时右手迅速推杠换握左杠（在左手前），接着左手推杠侧举，身体重心左移，保持抬头、挺身、紧腰至落地（图3-1-46）。

图 3-1-46　双杠支撑后摆下

三、训练方法

（一）移动俯撑

目的：发展上肢和肩带力量。

方法：双臂与肩同宽于垫上成俯撑，依次推手向侧移动，腰腹和臀部保持一条直线。

要求：右手推离在左手前撑地，左手迅速推离至侧成单臂俯撑，身体仍保持直线。

训练强度：最大摄氧量80%。

持续时间：每周3次，每次3~5组，12个/组。

训练间歇：1分钟/组。

（二）双臂屈伸

目的：发展上臂肌群力量。

方法：双手握双杠，双脚并拢悬垂于地面，双臂伸直，支撑身体悬空，使身体下降至两杠间最低位置，吸气，双臂撑起，呼气，还原成开始姿势（图3-1-47）。

图3-1-47 双臂屈伸

要求：抬头，直体，腰腹收紧。

训练强度：最大摄氧量80%。

持续时间：每周3次，每次3~5组，15个/组。

训练间歇：2分钟/组。

四、注意事项

（一）保护与帮助

保护者站在学员下杠的一侧，当学员摆腿时，保护者手从杠下托其腹部向上、外助其完成下杠。

（二）易犯错误

后摆用力过早，手换握杠过晚，重心侧移过小或过大，造成出杠、单臂撑困难。

（三）纠正方法

俯撑做换手移重心、顶肩、挥臂、单臂撑动作；在双杠上，左脚踩在右杠上，右腿向后上方摆起，同时换握杠挥臂挺身下。

（四）技术要点

换握杠快速、及时；在空中成单臂支撑时，保持抬头、挺身、紧腰姿势。

五、考核要求

（一）条件保障

练习双杠、镁粉、记录台（员）、号码布等。

（二）基本规则

（1）完成标准：学员依据动作标准完成双杠支撑后摆下为其考核成绩。

（2）当学员出现落杠、落地摔倒等失误动作时，判为失败，不记录成绩。

（3）完成后，由教练员或训练员依据学员动作完成情况进行打分。

课目十七　双杠支撑前摆挺身下

目的：发展上肢力量和腹背肌力量。

要求：前摆充分，推手换杠迅速。

一、场地器材

训练双杠、平整的场地/沙坑/体操垫、镁粉、体能服或练习服、运动鞋等。

二、动作过程

由支撑后摆开始（以向右侧下为例），当支撑身体前摆过垂直面后，两腿加速向前上方摆起并主动曲髋，重心开始右移；当腿将至最高点时迅速制动腿并积极向前下方伸髋展体，同时两臂用力顶肩推杠，左手换握右杠，右臂侧举，挺身落下（图3-1-48）。

图 3-1-48　双杠支撑前摆挺身下

三、训练方法

（一）推小车

目的：发展肩带肌群力量。

方法：学员直臂俯撑，身体挺直，同伴抓住其双踝抬起身体；快速双手着地向前爬行（图3-1-49）。往返重复练习。

52

图 3-1-49 推小车

要求：抬头，直体，腰腹收紧。

训练强度：最大摄氧量 80%。

持续时间：每周 3 次，每次 3~5 组，往返 15 米为一组。

训练间歇：2 分钟/组。

（二）单杠收腹举腿

目的：体会固定上肢情况下身体协调用力和用力顺序，发展腹部力量。

方法：学员两手与肩同宽，在单杠上直臂悬垂，进行"直腿、收腹举腿"动作练习（图 3-1-50）。

图 3-1-50 单杠收腹举腿

要求：上肢固定，下肢主动发力。

训练强度：最大摄氧量 85%。

持续时间：每周 4~5 次，每次 3~5 组，15 次/组。

训练间歇：1.5 分钟/组。

四、注意事项

（一）保护与帮助

保护者站在学员下杠一侧，一手扶学员上臂，另一手扶学员腰部帮助学员出杠。

（二）易犯错误

前摆用力过早，手换握杠过晚，重心侧移过小或过大，造成出杠、单臂撑困难。

（三）纠正方法

俯撑做换手移重心、顶肩、挥臂、单臂撑动作；在双杠上，左脚踩在右杠上，右腿向后上方摆起，同时换握杠挥臂挺身下。

（四）技术要点

加速摆动，压腿展髋，顶肩推手。

五、考核要求

（一）条件保障

练习双杠、镁粉、记录台（员）、号码布等。

（二）基本规则

（1）完成标准：学员依据动作标准完成双杠前摆挺身下为其考核成绩。

（2）当学员出现落杠、落地摔倒等失误动作时，判为失败，不记录成绩。

（3）完成后，由教练员或训练员依据学员动作完成情况进行打分。

课目十八 双杠支撑前摆向内转体 180 度下

目的：发展上肢力量和身体灵巧性。

要求：前摆时要尽量拉开肩角，转体时身体要伸直展开。

一、场地器材

训练双杠、平整的场地/沙坑/体操垫、镁粉、体能服或练习服、运动鞋等。

二、动作过程

由支撑后摆开始（以向右侧下为例），身体前摆过杠下垂直位时两腿加速向前上方摆起，收腹稍屈髋，并两臂侧顶重心开始右移，当前摆至将近极点时右臂顶肩推离杠，接着以脚尖带动髋部和上体向内转体 180 度，同时边转边展髋挺身，两臂依次推离杠，接着右手换握右杠落下（图 3-1-51）。

图 3-1-51 双杠支撑前摆向内转体 180 度下

三、训练方法

（一）静态俯桥

目的：发展肩带力量与身体控制能力。

方法：俯卧姿势，学员双手与肩同宽撑于地面，双脚并拢撑于低山羊（或跳箱）上，身体呈俯桥姿势，静态控制（图 3-1-52）。

要求：练习时要保持臀肌、腹肌收紧，不出现塌腰或翘臀现象。

训练强度：最大摄氧量 80%。

持续时间：每周 3 次，每次 3~5 组，2 分钟为一组。

训练间歇：3 分钟/组。

图 3-1-52　静态俯桥

（二）双杠支撑摆动

目的：发展上肢力量和控制身体动态平衡能力。

方法：由支撑开始，举腿送髋前伸，后摆时紧腰夹臀直体自然下落，直臂顶肩以肩为轴前后摆动（图 3-1-53）。

图 3-1-53　双杠支撑摆动

要求：以肩为轴基本保持在支撑点垂直位，腰腹收紧。

训练强度：最大摄氧量 80%。

持续时间：每周 3 次，每次 4~6 组，前后摆各 12 次为一组。

训练间歇：2 分钟/组。

（三）支撑左右推手练习

目的：发展上肢力量。

方法：面向杠端成站立姿势，双手直臂握杠，向前上方跳上杠成支撑，进行左右推移重心练习（图 3-1-54）。

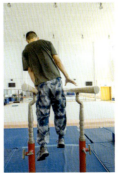

图 3-1-54　支撑左右推手练习

要求：双腿并拢，充分体验推移重心的过程。

训练强度：最大摄氧量70%。

持续时间：每周3次，每次4~6组。

训练间歇：2分钟/组。

四、注意事项

（一）保护与帮助

保护者站在学员下杠一侧，一手托学员腰部，另一手在学员转体时扶学员髋部，顺势推搓以帮助学员转体下。

（二）易犯错误

（1）前摆时肩角未拉开，前伸不够。

（2）转体过早。

（3）转体后曲髋，身体未充分展开。

（三）纠正方法

（1）采用标志物进行支撑前摆练习，摆动到规定标志物的位置。

（2）教员可在学员转体时用语言提示其转体时机。

（3）教员站在学员转体一侧的高垫子上，当学员前摆转体180度后，一手托学员腹部，另一手托学员腿，将学员接住。

（四）技术要点

以脚尖带动转髋转体，转体同时展髋。

五、考核要求

（一）条件保障

练习双杠、镁粉、记录台（员）、号码布等。

（二）基本规则

（1）完成标准：学员依据动作标准完成则为其考核成绩。

（2）当学员出现落杠、落地摔倒等失误动作时，判为失败，不记录成绩。

（3）完成后，由教练员或训练员依据学员动作完成情况进行打分。

课目十九　哑铃、铃壶、臂力器等健身器械练习

目的：发展上肢力量，增强上肢肌肉爆发力。

要求：了解不同器械的操作方法，练习过程中注意安全保护。

一、场地器材

哑铃、铃壶、臂力器、拉力器、平整的场地/沙坑/体操垫、体能服或练习服、运动鞋等。

二、训练方法

（一）臂部练习

1. 单臂屈伸

目的：发展上臂肌肉群力量。

方法：坐立于长凳上，双脚置于地面，双脚间距略宽于肩，一手低手直臂抓握杠铃片（或哑铃），肘部靠近大腿内侧，另一臂伸直撑于长凳上；吸气并屈臂举杠铃片（或哑铃），完成动作时呼气（图3-1-55）。反复练习。

图 3-1-55　单臂屈伸

要求：手臂屈伸幅度要大，上体稍微前倾。

训练强度：最大摄氧量75%。

持续时间：每周3次，每次4~6组，12个/组。

训练间歇：30秒/组。

2. 拉力器臂屈伸

目的：发展上臂肌肉群力量。

方法：面向拉力器分腿站立，双脚间距略宽于肩，抬头直背，双手正握拉力器手柄，连续快速屈臂提拉手柄（图3-1-56）。重复练习。

图 3-1-56　拉力器臂屈伸

要求：保持身体伸直，屈臂提拉手柄尽量靠近胸部。

训练强度：最大摄氧量75%。

持续时间：每周3次，每次4~6组，12个/组。

训练间歇：30 秒/组。

3. 杠铃臂屈伸

目的：发展上臂肌肉群力量。

方法：挺直背部站立，双脚间距略宽于肩，双手分开稍比肩宽，反手握杠，然后向心屈臂举杠铃至胸前（图 3-1-57），还原成开始姿势。反复练习。

图 3-1-57　杠铃臂屈伸

要求：身体正直紧腰。

训练强度：最大摄氧量 75%。

持续时间：每周 3 次，每次 4~6 组，12 个/组。

训练间歇：30 秒/组。

4. 坐姿臂屈伸

目的：发展上臂肌肉群力量。

方法：学员呈坐姿或靠于训练机上，双脚置于地面，双脚间距略宽于肩，双臂伸直，反手握杠铃，肘部抵于托垫边缘；屈臂用力牵拉杠铃（图 3-1-58），还原成开始姿势。反复练习。

图 3-1-58　坐姿臂屈伸

要求：学员可通过增加杠铃重量来加大难度。

训练强度：最大摄氧量 75%。

持续时间：每周 3 次，每次 4~6 组，12 个/组。

训练间歇：30 秒/组。

5. 坐姿腕屈伸

目的：发展手腕肌肉群力量。

方法：坐于长凳上，双脚置于地面，双脚间距略宽于肩，上体前倾，把前臂放于大腿或长凳上，反手握杠铃，腕关节主动屈曲；向后弯举腕关节，还原成开始姿势（图3-1-59）。反复练习。

图3-1-59　坐姿腕屈伸

要求：动作速度缓慢，动作上下幅度尽量大。

训练强度：最大摄氧量75%。

持续时间：每周3次，每次4~6组，12个/组。

训练间歇：30秒/组。

6. 站立下拉

目的：发展上臂肌肉群力量。

方法：面向拉力器分腿站立，双脚间距略宽于肩，双手正握拉力器手柄，肘部紧贴体侧；吸气，下拉，伸直双臂，不要使肘部离开体侧；还原成开始姿势（图3-1-60）。反复练习。

图3-1-60　站立下拉

要求：抬头，直背，快速下拉。

训练强度：最大摄氧量75%。

持续时间：每周3次，每次4~6组，12个/组。

训练间歇：30秒/组。

7. 仰卧臂屈伸

目的：发展上臂肌肉群力量。

方法：仰卧于长凳上，双脚置于地面，双脚间距略宽于肩，双臂伸直，双手间距约为肩宽，正手抓杠铃片；屈肘，以肩为圆心、手臂为半径沿半圆运动轨迹缓慢下降杠铃片，并尽量远地向头后部延伸（图3-1-61）。还原成开始姿势。

图 3-1-61　仰卧臂屈伸

要求：保持稳定，不要向两侧晃动。

训练强度：最大摄氧量75%。

持续时间：每周3次，每次4~6组，12个/组。

训练间歇：30秒/组。

8. 坐姿杠铃片颈后臂屈伸

目的：发展上臂肌肉群力量。

方法：坐于长凳上，双脚置于地面，双脚间距略宽于肩，双手持杠铃片置于颈后；小臂伸直上举，双臂伸直，将杠铃片举至头的上方；以肘关节为支点，手臂下降杠铃片于脑后部（图3-1-62）。重复练习。

图 3-1-62　坐姿杠铃片颈后臂屈伸

要求：手臂下降时应有控制，不要让杠铃片砸到背部。

训练强度：最大摄氧量75%。

持续时间：每周3次，每次4~6组，12个/组。

训练间歇：30秒/组。

9. 体前臂屈伸

目的：发展上臂肌肉群力量。

方法：双膝微屈站立，双脚间距略宽于肩，上体前倾，手持杠铃片，屈臂举杠铃片至体侧屈肘90度（图3-1-63），还原成开始姿势。反复练习。

图 3-1-63 体前臂屈伸

要求：腰部前屈，背部挺直。

训练强度：最大摄氧量 75%。

持续时间：每周 3 次，每次 4~6 组，12 个/组。

训练间歇：30 秒/组。

（二）肩部练习

1. 杠铃片推举

目的：发展肩部肌肉群力量。

方法：仰卧于长凳上，双脚置于地面，双脚间距略宽于肩，正手握杠铃片（或哑铃）举至双肩两侧，双臂垂直向上推举杠铃片（或哑铃）至胸前正上方（图 3-1-64），还原成开始姿势。反复练习。

图 3-1-64 杠铃片推举

要求：动作结合呼吸，向上时吸气，动作完成时呼气。

训练强度：最大摄氧量 75%。

持续时间：每周 3 次，每次 4~6 组，12 个/组。

训练间歇：30 秒/组。

2. 持铃侧前平举

目的：发展三角肌群力量。

方法：两脚靠拢站立，双手持哑铃于大腿前，先向两侧同时举起哑铃（图 3-1-65），然后向前平举，还原成开始位置再重复。练习时，肘关节始终保持稍弯曲。

要求：手持杠铃的动作路径为先侧起，再向前平举。

训练强度：最大摄氧量75%。

持续时间：每周3次，每次4～6组，12个/组。

训练间歇：30秒/组。

3. 体前屈杠铃片（或哑铃）侧举

目的：发展肩部肌肉群力量。

方法：双膝微屈分腿站立，双脚间距略宽于肩，双臂伸直，手持杠铃片（或哑铃）自然下垂于胸前；双臂将杠铃片（或哑铃）平举至与地面平行位置，动作完成时呼气（图3-1-66）。

要求：上体前屈，两臂伸直至侧举。

训练强度：最大摄氧量75%。

持续时间：每周3次，每次4～6组，12个/组。

训练间歇：30秒/组。

图 3-1-65　持铃侧前平举

图 3-1-66　体前屈杠铃片（或哑铃）侧举

（三）胸部练习

1. 站姿胸大肌练习

目的：发展胸部肌肉群力量。

方法：双脚开立，双脚间距约为肩宽，双臂屈肘上举至与肩同高，双臂间距略与肩同宽，双手握杠铃片（或哑铃），掌心向内；往两侧扩胸展开至动作最大幅度；还原成开始姿势（图3-1-67）。重复练习。

图 3-1-67　站姿胸大肌练习

要求：扩胸展开至最大幅度时保持2～3秒钟。

训练强度：最大摄氧量75%。

持续时间：每周3次，每次4～6组，12个/组。

训练间歇：30秒/组。

2. 仰卧推举

目的：发展胸部肌肉群力量。

方法：仰卧于长凳上，保持臀部触及凳面，双脚着地略宽于肩，双手距离大于肩宽，正手握推力器手柄，向上推推力器，缓慢下降至胸部（图3-1-68）。反复练习。

图3-1-68　仰卧推举

要求：保持背部挺直，快起慢落，动作缓慢下降至胸部时双肩展开。

训练强度：最大摄氧量75%。

持续时间：每周3次，每次4~6组，12个/组。

训练间歇：30秒/组。

三、注意事项

保护与帮助

学员持器械进行练习时，要依据个人能力判断合适的器械质量；保护者要站在学员一侧进行辅助与监督，防止学员意外受伤。

四、考核要求

（一）条件保障

练习哑铃、记录台（员）、号码布等。

（二）基本规则

（1）完成标准：学员依据动作标准完成则为其考核成绩。

（2）完成后，由教员依据学员动作完成情况进行打分。

第二节　下肢力量训练

目的：发展身体的腿部力量，加强下肢爆发力，增加腿部肌肉的强度和韧性，提高身体协调能力。

要求：了解基本的徒手训练和器械锻炼原则、方法；掌握一定的锻炼技能，指导自己进行锻炼。

场地器材：空地、健身房、各种健身器械、运动装。

课目一 立定跳远

一、场地器械

立定跳远具有简便易行的特点，有平地就能进行练习。

二、动作过程

立定跳远的动作过程见图 3-2-1。

图 3-2-1 立定跳远

（一）预备动作

预备动作有两种做法。一种是双腿原地弹性屈伸 1~2 次起跳，这种方法能较好地发挥腿部肌肉潜力。但要注意，弹性屈腿后应迅速起跳，还要掌握好屈膝的角度。膝关节弯曲到呈 135~150 度夹角时腿的蹬伸力量较大。另一种是做好静止的预备姿势后再跳，这种方法有利于做好预备动作，但不利于发挥腿部力量。起跳前，身体重心应在前脚掌，双臂应向后摆，注意力集中在做好动作、掌握起跳时机上。

（二）起跳

要快速、有力，充分蹬伸髋、膝、踝关节，同时要快速摆臂过肩，伸展腰部提腰以带动身体向上，增加双腿蹬地力量，加快起跳速度。起跳时要注意展髋、蹬膝、伸踝，同时兼顾摆臂提腰。

（三）腾空和落地

双脚离地后要收腿，快落地时要快速向前伸腿，尽量使脚落得远些；脚一落地就要快速屈膝，上体前倾，双臂前摆，以减少震动，保持身体平衡。

三、训练方法

（一）预摆技术训练方法

预摆技术是决定立定跳远成绩的一个重要因素，在这一技术环节教学中，主要抓好以下两个方面：第一，两臂摆动的方向；第二，预摆与呼吸的配合。其训练方法有：

1. 配合呼吸练习

练习时，统一口令，喊口令"1"时，两臂上举，尽量提高重心，同时轻轻吸气；喊口令"2"时，双腿屈蹲，两手迅速往下后伸，同时呼气。

目的：加强动作的协调性。

强度：最大输出量，力竭为止。

次数/频率：单次练习的次数不定。

持续时间：每周 2~3 次，每次 3~6 组。

训练间歇：1 分钟/组。

2. 蹲跳起练习

如图 3-2-2 所示，双脚开立并平行，屈膝深蹲，两臂自然后举，然后两腿快速蹬伸（髋、膝、踝关节充分蹬伸），向上跳起，同时两臂自然向上摆，上体保持正直，落地时屈膝、屈髋。在向上跳时，脚尖要绷直，体会踝关节的用力，要强调速度。

图 3-2-2　蹲跳起练习

目的：增强腿部肌肉耐力，提高弹跳能力。

强度：每次起跳至最高点。

次数/频率：每组 15~20 次。

持续时间：每周 2~3 次，每次 3~6 组。

训练间歇：30 秒/组。

（二）起跳技术训练方法

起跳练习时，教员应强调学生双腿蹬地的速度和力量。增强学员的腿部爆发力，对学员今后立定跳远技术和成绩的提高起着举足轻重的作用；同时，对突破教学难点也有重要意义。其训练方法有：

1. 原地直腿跳练习

如图 3-2-3 所示，双腿开立与肩同宽或稍宽于肩，双膝微屈，重心落在两脚之间，两臂屈肘留在身后，听信号做原地向上跳起的练习。要求：前脚掌脚趾迅速蹬离地面，跳起后双膝伸直，落地时前脚掌着地。

图 3-2-3　原地直腿跳练习

目的：锻炼踝关节的灵敏度和力量。

强度：跳到脚踝发酸。

次数/频率：每次练习 10 次。

持续时间：每周 2~3 次，每次 3~4 组。

训练间歇：30 秒/组。

2. 单脚跳练习

如图 3-2-4 所示，上体正直，膝部伸直，两脚交替向上跳起。跳时主要用踝关节的力量，用前脚掌快速蹬地跳起，离地时脚面绷直，脚尖向下。

图 3-2-4　单脚跳练习

目的：发展小腿、脚掌和踝关节力量。

强度：用力跳至最高点。

次数/频率：每次跳 30~60 秒，或单次跳 30~60 次，可规定跳 2~3 米的距离。

持续时间：每周 2~3 次，每次 2~3 组。

训练间歇：30~60 秒/组。

3. 跳台阶练习

如图 3-2-5 所示，两脚平行开立，两臂自然后摆，屈膝半蹲，用前脚掌力量做连续跳台阶动作。

图 3-2-5　跳台阶练习

目的：发展腿部力量和踝关节力量。

强度：连续跳跃直至腿部酸软。

次数/频率：一次可跳 20~30 级台阶。

持续时间：每周 2~3 次，每次 3~4 组。

训练间歇：30~60 秒/组。

（三）腾空技术训练方法

腾空技术在立定跳远中占重要地位，空中停留时间直接影响立定跳远的成绩。学员可在人体达到最高点后下落时迅速收腹举腿，尽可能延长空中停留时间，以到达尽可能远的落地点。其训练方法有：

1. 蛙跳练习

如图 3-2-6 所示，两脚分开成半蹲，上体稍前倾，两臂在体后成预备姿势。两腿用力蹬伸，充分伸直髋、膝、踝三大关节，同时两臂迅速前摆，身体向前上方跳起，然后用全脚掌落地，屈膝缓冲，两臂摆成预备姿势。

图 3-2-6 蛙跳练习

目的：发展大腿肌肉和髋关节力量。

强度：用力跳至最高点。

次数/频率：连续进行 5~7 次。

持续时间：每周 2~3 次，每次 3~4 组。

训练间歇：30 秒/组。

2. 障碍跳练习

如图 3-2-7 所示，摆放跨栏 8~10 个，练习者站在栏后，两脚左右开立，两脚掌平行，屈膝向下，两臂自然后摆，用脚掌力量向前上方跳过障碍，两臂配合向前上方摆动。

目的：发展腿部肌肉和踝关节爆发力。

强度：落地后迅速做下次跳跃。

次数/频率：从头至尾跳一遍。

持续时间：每周 2~3 次，每次 5~6 组。

训练间歇：1 分钟/组。

图 3-2-7　障碍跳练习

（四）落地技术训练方法

落地是立定跳远技术的最后环节，合理的落地技术应在快速收腹举腿的前提下完成。着地后要及时屈膝、屈髋，用脚跟先着地从而过渡到全脚掌着地，使着地点尽可能地远。其训练方法有：

1. 原地跳准练习

在落地点上画一个边长为 40 厘米的正方形，要求学生起跳后落入正方形内。要求重心低，小腿前伸，大小腿夹角大于 90 度，以脚跟先着地之后迅速下蹲缓冲，两臂前摆；全蹲向前伸小腿，再迅速还原成全蹲。

目的：训练准确性。

强度：尽力跳至力竭为止。

次数/频率：单次练习 15 次为一组。

持续时间：每周 2~3 次，每次 3~6 组。

训练间歇：30~60 秒/组。

2. 助跑跳准练习

如图 3-2-8 所示，沙坑前 3~5 步助跑，用双脚起跳，腾空时举腿，尽量前伸小腿，落地时身体重心尽快向前移，防止后坐。

目的：提高身体爆发力和动作的协调性。

强度：尽力跳至最远点。

次数/频率：单次练习 15 次为一组。

持续时间：每周 2~3 次，每次 3~6 组。

训练间歇：30~60 秒/组。

图 3-2-8　助跑跳准练习

四、注意事项

（一）保护与帮助

训练过程中关节受损的情况时有发生，学员可佩戴护具完成训练。

（二）易犯错误

（1）预摆不协调。

（2）起跳前的小跳步动作和垫一步动作。

（3）上体前扑易摔倒。

（4）落地不稳，双腿落地区域有较大的差异。

（三）纠正方法

（1）反复做前摆直腿后摆屈膝的动作，由慢到快。

（2）多练习双脚同时用力向上起跳动作，也可以从跳近距离开始立定跳或小步的连续蛙跳，或双脚夹沙包跳，从而逐步形成正确的双脚起双脚落地技术动作。

（3）多做双腿并脚跳起越过橡皮筋练习，体会在收腹举腿的前摆下伸小腿动作。

（4）多做近距离的起跳落地动作，手臂的摆动要协调配合。地面设置标志物，双脚有意识地踩踏标志。

（四）技术要点

（1）在训练时，必须对练习者强调动作技术的关键作用。

（2）腰部力量、腿部力量是影响立定跳远成绩的关键部分。

（3）预摆与屈膝的协调配合。

五、考核要求

（一）条件保障

平整的场地、立定跳远测量器、记录台。

（二）考核规则

（1）学员按动作标准完成立定跳远的距离为其考核成绩。

（2）当出现下列犯规动作之一时，不记录该成绩：跳远前踩线；完成立定跳远动作后向后，离开测试区导致测量器出现误差。

（3）完成标准：立定跳远时，学员跳出前没有踩线；完成后身体保持平稳视为完成一次练习。

（4）完成后，成绩记录单位为"米"。

课目二 立定三级跳

一、场地器械

立定三级跳具有简便易行的特点，有平地、沙坑就能进行练习。

二、动作过程

立定三级跳的动作过程见图3-2-9。

图3-2-9 立定三级跳

（一）第一跳

立定三级跳远第一跳是双脚发力，双起单落，起跳方式与立定跳远起跳基本相同。手臂预摆几次，手臂预摆是为了与下肢协调配合，便于全身发力。起跳瞬间必须手臂后摆至最高、下肢下蹲至最佳发力位置，屈膝、屈髋。第一跳的距离一般比立定跳远少20厘米左右。在日常训练时，必须保证有一定的第一跳距离，从而保证第一跳损失较少的情况下，做到第一跳、第二跳的衔接。

（二）第二跳

立定三级跳的第二跳是跨步跳。第二跳的质量取决于第一跳的着地方式，为了保证第二跳质量，第一跳支撑脚着地后快速蹬伸，配合手臂的摆动，摆动腿大小腿折叠，以摆动腿的膝为轴，折叠前摆，大腿摆至水平位置制动，大腿制动瞬间小腿放松垂直于地面，摆动腿与起跳腿大腿夹角充分打开。起跳后，腿较长时间在空中保持弓箭步的技术动作。为了保证起跳高度，起跳瞬间双臂上摆很重要，双臂上摆至大臂水平位置，突然制动，确保身体重心的腾起。

（三）第三跳

第三跳就是完成一个跳跃动作。要求：第一，要有一定的高度；第二，合理的空中技术；第三，落地动作合理。立定三级跳第三跳的起跳动作与跳远的起跳动作基本相似。良好的第三跳起跳动作主要包含在第二跳摆动腿着地前，小腿前伸，以全脚掌着地过渡到前脚掌发力，快速蹬起，配合手臂的摆臂，确保起跳高度。第三跳空中技术主要有蹲踞式、挺身式，走步式较少采用。第三跳在落地前，挺髋，依靠腰腹的力量前伸双腿，落地瞬间屈膝缓冲。

三、训练方法

（一）摆臂动作练习

从原地摆臂练习开始，原地屈膝，手臂要充分后摆；双脚连续跳过障碍物，体会蹬摆结合的感觉；单脚交替跳跃障碍物，解决立定三级跳中蹬摆协调问题。

目的：加强动作的协调性。

强度：尽力保持协调性，跳至力竭为止。

次数/频率：单次练习12次为一组。

持续时间：每周2~3次，每次3~6组。

训练间歇：1分钟/组。

（二）第一跳（双脚起跳单脚落地）练习

在起跳和落地点中间放置一定高度的障碍物，学员尝试跳过障碍物，建立合适的腾起角度；将障碍物移到一侧，学员原地做立定跳远练习，落地方式由双脚落地变成单脚落地。

目的：锻炼腿部肌肉和提高弹跳力。

强度：尽力跳过障碍物。

次数/频率：单次练习12次为一组。

持续时间：每周2~3次，每次3~6组。

训练间歇：1分钟/组。

（三）第二跳（跨步跳）练习

做原地的弓箭步跳练习，体会蹬伸髋、膝关节的感觉；在原地第一跳的基础上连续跨步跳过一定高度的海绵垫，体会腾空的感觉；原地起跳连续跨步跳，体会蹬伸髋、膝、踝关节及小腿前伸。

目的：加强动作的协调性和灵活性。

强度：最大输出量至力竭为止。

次数/频率：单次练习12次为一组。

持续时间：每周2~3次，每次3~6组。

训练间歇：1~2 分钟/组。

（四）第三跳（腾空落地）练习

助跑 5~6 步，单脚踏上踏板起跳落入沙坑，落地时小腿积极前伸，体会腾空、落地的感觉；助跑 5~6 步，单脚起跳，跳过一定高度的障碍物落入沙坑内；在完成前 2 跳的基础上，第 3 跳跳过一定高度的障碍物落入沙坑内。

目的：加强腿部爆发力。

强度：尽力跳至最远处为止。

次数/频率：单次练习 12 次为一组。

持续时间：每周 2~3 次，每次 3~6 组。

训练间歇：1~2 分钟/组。

四、注意事项

（一）保护与帮助

立定三级跳主要以腿部肌肉活动为主，充分进行热身活动以预防受伤，学员可佩戴护具完成训练。若有膝关节不适，应避免参加相关练习。

（二）易犯错误

（1）预备姿势，两脚在起跳前成外"八"字，起跳双脚用力不均，出现垫脚。

（2）摆臂与起跳不协调，第一跳落地后接第二跳时跳不起来。

（3）摆动腿大腿前摆时高度不够，摆动腿过早下压，摆动腿小腿落地时小腿没有前伸。

（4）落地后身体后倒或手臂后撑。

（三）纠正方法

（1）明确技术动作，做立定跳远练习，下蹲速度慢些，防止垫脚。

（2）明确技术要领，做原地半蹲起跳双臂摆动充分展体，多做立定跳远后单脚跳练习。

（3）做原地弓箭步跳练习，平地上做双脚起跳单脚落地的跨步跳，体会落地时小腿前伸。

（4）明确动作要领，落地时含胸收腹，注意两臂的后摆和上体的前倾。

（四）技术要点

（1）摆臂与起跳之间的配合协调，每一跳之间的配合协调。

（2）摆腿高度要充分，不要过早下压。

（3）动作过程中躯干和下肢保持适度紧张。

五、考核要求

（一）条件保障

平整的场地、记录台，着装各单位自行统一。

（二）考核规则

（1）受试者按动作要领完成的立定三级跳成绩为其考核成绩。

（2）当出现下列犯规动作之一时，考核结束，只记录此前考核成绩：每一跳的衔接过程中出现垫脚；双脚在落地前提前触及地面。

（3）完成标准：动作连贯，没有出现垫脚、身体不稳定的现象视为完成一次练习。

（4）完成后，成绩记录单位为"厘米"。

课目三　两级、三级、多级蛙跳

一、场地器械

两级、三级、多级蛙跳具有简便易行的特点，有平地就能进行练习。

二、动作过程

动作过程如图 3-2-8 所示。

（一）预摆

在预摆的过程中，最好能够保持双脚左右开立，宽度和肩部保持一致，在前摆的过程中，两条腿要伸直，而在后摆的过程中，需要弯曲膝盖，将身体重心降低，上身前倾，双手尽量往后摆，与呼吸过程进行合理的配合。

（二）第一跳

在进行第一跳的过程中，双脚需要快速地蹬地，两条手臂也需要从后向上摆动，向前跳起后腾空。一般情况下，第一跳的距离不能过大。在落地的过程中，最好使用前脚掌着地。要快速蹬地，保持双手姿态协调，在空中的展体也要充分。特别需要强调的是，第一跳在离地之前，前脚掌必须做出瞬间蹬地的动作，不能迟疑，否则影响后面的发挥。

（三）第二跳

在进行第二跳的过程中，双脚需要快速地做出蹬地动作，向前上方跳起并腾空，舒展身体之后，与第一跳相同的是，第二跳的动作幅度也不应太大，蹬地要果断有力，手脚要配合到位，身体尽可能地在空中舒展。

（四）第三跳

第三跳的过程中，两只脚要快速地蹬地，双臂向后摆动，向上腾空，并在空中做好充分的舒展，尽可能地缩短双腿和胸的距离，争取最大的跳跃距离。

三、训练方法

（一）跳跃折叠垫

如图 3-2-10 所示，在起跳线前方放置适量折叠垫，让学员进行蛙跳，每一跳都要跳过折叠垫，再根据蛙跳的距离来确定折叠垫的位置。

图 3-2-10　跳跃折叠垫

目的：加强下肢的爆发力。

强度：尽力跳至最远处。

次数/频率：单次练习 10~12 次。

持续时间：每周 2~3 次，每次 3~5 组。

训练间歇：30 秒/组。

（二）跳台阶练习

如图 3-2-11 所示，每次跳 3 级或 5 级台阶，3 次为一组，多组重复练习。每次跳起时蹬腿要充分，落地要收腹屈膝。

图 3-2-11　跳台阶练习

目的：提高弹跳力和加强腿部肌肉爆发力。

强度：尽力跳至力竭为止。

次数/频率：3 级或 5 级台阶跳，3 次为一组。

持续时间：每周 2~3 次，每次 5~8 组。

训练间歇：30~60 秒/组。

（三）负重练习法

常用方法有手握哑铃法、肩负杠铃法（图 3-2-12）、背负沙袋法、沙袋绑腿法。多级蛙跳训练中选择沙袋绑腿法。

目的：锻炼骨直肌和大腿肌肉。

强度：尽力跳至力竭为止。

次数/频率：负重单次跳 50 次为一组。

持续时间：每周 2~3 次，每次 3~6 组。

图 3-2-12　负重练习法
（肩负杠铃法）

训练间歇：1分钟/组。

四、注意事项

（一）保护与帮助

两级、三级、多级蛙跳主要以腿部肌肉活动为主，充分热身活动预防受伤，学员可佩戴护具完成训练。在进行跳台阶训练时，注意安全，台阶数量不宜过多。

（二）易犯错误

（1）摆臂与蹬腿不协调。

（2）每跳之间停顿摆臂多次。

（3）双脚不能同时起跳同时落地。

（4）三跳或多跳之间节奏不均匀。

（三）纠正方法

（1）原地摆臂练习，摆臂时双手积极主动地向前后摆动，尽量伸展，膝关节伴随着摆臂的节奏做半屈伸动作。

（2）原地摆臂向上跳起练习，摆臂同时双脚用力蹬地垂直向上跳起。起跳时蹬地要充分，腾空后大腿积极上提成蹲踞式，落地时双腿同时着地屈膝缓冲下蹲，双臂积极向下后摆。

（3）不求远度地完成技术练习，重点放在练习的连贯性和节奏性上，把向上跳变成向前跳。

（4）原地摆臂向上跳起连贯性及节奏性练习，双臂积极向前上方摆出，双脚用力蹬地垂直向上跳起，三次向上跳起动作必须连贯不停顿。

（四）技术要点

（1）在进行连续蛙跳时，注意腓肠肌和股四头肌的用力。

（2）摆臂与蹬腿之间的协调配合。

五、考核要求

（一）条件保障

平整的场地、记录台，着装各单位自行统一。

（二）考核规则

（1）受试者按动作要领完成的二级、三级、多级蛙跳的成绩为其考核成绩。

（2）当出现下列犯规动作之一时，考核结束，只记录此前考核成绩：每一跳的衔接过程中出现垫脚；双脚在落地时没有同时触及地面。

（3）完成标准：动作连贯，保持正确的技术动作视为完成一次练习。

（4）完成后成绩记录单位为"米"。

课目四　负重半、深蹲

一、场地器械

训练杠铃、托棍、伸腿架、杠铃片、蹬伸器、运动鞋服等。

二、动作过程

负重半、深蹲的动作过程见图3-2-13。

图 3-2-13　负重半、深蹲

（一）准备姿势

把杠铃置于颈后肩上，两手握住横杠，使杠铃重心两边平衡，两脚自然分开，脚尖稍向外分开。

（二）蹲

两眼始终向前方看，上体缓慢下落，屈膝至大腿与地面平行位置。落地时微屈膝，脚前掌落地缓冲，然后还原成预备姿势。

（三）起

膝关节伸直，脚前掌用力蹬地，迅速使身体抬起并稍稍离开地面，然后还原成预备姿势。

三、训练方法

（一）坐姿腿屈伸

腿屈伸动作较简单，方法是两脚托住托棍向上抬起，至两腿完全伸直。有两腿同时抬起和单腿做交替抬起两种方法。用股四头肌的收缩力，由小腿将托棍向上举起至大腿伸直，使股四头肌处于"顶峰收缩"位；稍停，然后以股四头肌的紧张力慢慢放下还原。如图3-2-14所示。

图 3-2-14　坐姿腿屈伸

目的：训练腿部肌肉。

强度：训练至腿部发酸无力为止。

次数/频率：单次练习8~12次一组。

持续时间：每周 2~3 次，每次 3~6 组。

训练间歇：1 分钟/组。

（二）腿弯举

俯卧在伸腿架的卧架上，使膝盖正好抵住凳端，两腿伸直使脚跟紧贴在上托棍的下缘，两手握住凳前段两侧。集中以股二头肌的收缩力使小腿向上弯起至股二头肌彻底收缩紧，保持静止 1~2 秒，然后，循原路慢慢回到起点。如图 3-2-15 所示。

图 3-2-15　腿弯举

目的：锻炼股二头肌。

强度：训练至腿部发酸为止。

次数/频率：单次练习 8~12 次为一组。

持续时间：每周 2~3 次，每次 4~6 组。

训练间歇：1 分钟/组。

（三）负重蹬伸

坐在训练器的固定架上，两臂固定上体，上体保持正直，挺胸，两腿屈膝，两脚踏在蹬伸器的阻力踏板上，用力蹬伸膝关节，直至两腿完全伸直，停 2~3 秒后，靠肌肉用力控制缓慢还原。如图 3-2-16 所示。

图 3-2-16　负重蹬伸

目的：提高肌肉功能和力量。

强度：训练至腿部发酸为止。

次数/频率：单次练习 8~12 次为一组。

持续时间：每周 2~3 次，每次 4~6 组。

训练间歇：1 分钟/组。

（四）负重提踵

把杠铃置于颈后肩上，两脚站在 5 厘米高的木块上，两脚分开 20 厘米左右。前脚掌在木块上，便于脚跟深深地落下。两腿伸直，脚跟立起越高越好，然后脚跟慢慢落下。如图

3-2-17 所示。

图 3-2-17　负重提踵

目的：练习腿部爆发力。

强度：训练至腿部发软无力为止。

次数/频率：单次练习 8~12 次为一组。

持续时间：每周 2~3 次，每次 4~6 组。

训练间歇：1 分钟/组。

四、注意事项

（一）保护与帮助

颈后肩上扛起杠铃时要注意左右平衡，同时不要压在颈后颈突上，身体要保持挺胸、塌腰、翘臀的姿势，下蹲时不要过猛，以免伤及膝关节。

（二）易犯错误

（1）训练时，呼吸出现紊乱现象。

（2）训练过程中，膝关节和腰部出现错误动作造成运动损伤。

（三）纠正方法

（1）在做半、深蹲的动作时，注意正确运用呼吸，即下蹲用力前吸气，直立用力后呼气。

（2）在做半、深蹲的动作时，要注意保持膝绷直，上身保持挺直，身体要保持挺胸、塌腰、翘臀的姿势，下蹲时不要过猛，以免伤及膝关节。

（四）技术要点

（1）练习时以膝、踝关节伸肌发力为主。

（2）上体保持正直，双手紧握杠铃。

（3）落地时注意缓冲，不要脚后跟着地。

（4）在整个下蹲和起立过程中，躯干挺直，背部保持挺直，两脚始终踏实地面。

五、考核要求

（一）条件保障

练习杠铃、平整的场地、记录台，着装各单位自行统一。

（二）考核规则

（1）完成标准：上体缓慢下落，屈膝至大腿与地面平行位置，再用力伸直站立时视为完成一次练习。

（2）完成后，成绩记录单位为"次"。

第三节　核心力量训练

目的：发展身体核心力量，提高身体的控制力和平衡力；提高上下肢和动作间的协调工作效率；预防运动中的损伤。

要求：了解基本的徒手锻炼和器械锻炼原则、方法；掌握一定的器械锻炼技能，指导进行自我锻炼。

课目一　仰卧起坐

一、场地器械

平地、瑜伽垫、运动装。

二、动作过程

仰卧起坐的动作过程见图 3-3-1。

图 3-3-1　仰卧起坐

（一）准备姿势

学员坐在瑜伽垫上，双手十指交叉于胸前，两腿以及膝关节并拢，大小腿弯曲成 90 度左右。

（二）上体仰卧

学员上体向后倒至身体的双肩背部同时触垫。

（三）上体前屈

学员卷腹前屈至双手肘关节碰到或者超过膝关节的位置。此过程着重要求学生臀部贴地，膝关节并拢。

三、训练方法

（一）基础训练

在初级阶段，教员要纠正和规范学员动作，可以通过规定训练的个数，采用不计时方式练习。在保证动作标准的情况下，要求学员一次性完成规定个数。当大部分学员能正确完成规定的动作个数时，可以增加个数，甚至可以提速。

目的：发展身体核心力量。

强度：最大输出量至力竭为止。

次数/频率：单次练习 30 秒，15~30 个为一组。

持续时间：每周 2~3 次，每次 3~5 组。

训练间歇：30 秒/组。

（二）辅助训练

训练后期（45 秒后），教员可以安排一个学员进行帮扶。当练习者上体前屈时，帮扶者在背后轻推助力，帮助练习者继续完成动作。

目的：伸展脊柱、肩膀、腿筋。

强度：尽力保持最久至力竭。

次数/频率：单次练习 5~10 个为一组。

持续时间：每周 2~3 次，每次 3~5 组。

训练间歇：30 秒/组。

（三）负重训练

仰卧起坐训练过程中，利用沙包、斜坡等，将腿放高处（头下脚上），对腰腹肌进行深度刺激。

1. 沙包负重法

将学员分为两人一组，学员根据自己的能力选择一定质量的沙包，双手握紧置于后脑勺，辅助的学员双手抱住对方的小腿进行练习。

目的：对腰腹进行深度刺激。

强度：训练至力竭为止。

次数/频率：单次练习 15~20 个为一组。

持续时间：每周 2~3 次，每次 3~5 组。

训练间歇：30 秒/组。

2. 脚抬高法

将学员分为两人一组，一人平躺在瑜伽垫上，双手分别抓住协助者的小腿，并将自己的双腿同时上举，同时放下，反复多次。可以要求学员分别完成 20 个、15 个、10 个，分 3 组进行，每组间歇 30 秒左右。

目的：对腰腹肌肉工作能力进行强刺激。

强度：训练至力竭为止。

次数/频率：单次练习完成 20 个、15 个、10 个为一组。

持续时间：每周 2~3 次，每次 3 组。

训练间歇：30 秒/组。

3. 斜坡快起法

将学员分为两人一组，协助者双手抱住练习者的脚踝，练习者斜躺于"斜坡"上，头下脚上，起身速度要快，动作到位。

目的：锻炼核心力量和动作的协调性。

强度：训练至力竭为止。

次数/频率：单次练习 15~20 个为一组。

持续时间：每周 2~3 次，每次 3~5 组。

训练间歇：30 秒/组。

（四）快速计数训练

教员通过口令节奏、变化个数等指挥学员跟节奏练习，规范完成动作。具体操作如下：

1. 口令法

将两位学员分为一组，每组练习 10 个（依个人的能力决定），根据教员口令节奏（2 拍起 2 拍下、1 拍起 1 拍下的不同节奏）完成，练习 3~4 组，组与组之间休息 30 秒左右。

目的：加强身体的控制力。

强度：训练至力竭为止。

次数/频率：单次练习 10 个为一组。

持续时间：每周 2~3 次，每次 3~4 组。

训练间歇：30 秒/组。

2. 递增法或递减法

递增法，即在保证速度的同时将训练次数逐渐增加的方法，如第一组做 10 个，第二组做 12 个，第三组做 15 个，每组间歇 30 秒。递减法即训练次数由多到少的方法。

目的：加强身体的控制力和耐力。

强度：根据自身状况训练至力竭为止。

次数/频率：单次练习 10 个、12 个、15 个各为一组。

持续时间：每周 2~3 次，每次 3 组。

训练间歇：30 秒/组。

（五）计时训练法

要求学员在规定的时间内尽可能地多做，练习的组数不变。具体操作如下：

1. 等时法

在保证每组练习时间（10 秒、20 秒、30 秒等）不变的情况下，要求学员尽可能地多做。安排 3~4 组练习，组与组间歇 30 秒。

目的：加强动作的协调性。

强度：在相应时间内达到最大运动量。

次数/频率：单次练习 10 秒、20 秒、30 秒各为一组。

持续时间：每周 2~3 次，每次 3~4 组。

训练间歇：30 秒/组。

2. 计时递增法或递减法

将练习的时间逐渐递增，比如第一组做 10 秒，第二组做 15 秒，第三组做 20 秒，组与组间歇 30 秒。递减法即练习时间从长到短的方法。

目的：加强动作的协调性。

强度：训练至力竭为止。

次数/频率：单次练习 10 秒、15 秒、20 秒各为一组。

持续时间：每周 2~3 次，每次 3 组。

训练间歇：30 秒/组。

（六）静力性训练

静力性训练是指学员在静止状态下，通过克服自身重力或者外在阻力所进行的练习。具体练习形式如下：

1．静止举腿练习

学员每人一块垫子平躺，双手垫在臀下，将腿抬起与地面保持 30 度左右夹角。练习时间分别静止 30 秒、25 秒、20 秒，分 3 组进行，每组间歇 30 秒左右。

目的：加强身体的耐力和动作的持久性。

强度：练习至身体发酸无力为止。

次数/频率：单次练习 30 秒、25 秒、20 秒各为一组。

持续时间：每周 2~3 次，每次 3 组。

训练间歇：30 秒/组。

2．上体后仰持久练习

将学员分为两人一组，一人平躺于垫子上，另一人坐其小腿上。练习者双手置于后脑勺，上身保持后仰。练习时间分别静止 30 秒、25 秒、20 秒，分 3 组进行，每组间歇 30 秒左右。

目的：加强核心力量和动作的持久性。

强度：练习至身体发酸无力为止。

次数/频率：单次练习 30 秒、25 秒、20 秒各为一组。

持续时间：每周 2~3 次，每次 3 组。

训练间歇：30 秒/组。

3．两头起持久练习

练习者仰卧于垫子上，教员通过哨声指导完成练习。要求练习者双臂前伸，肩部离地，同时双腿向上抬起，双手触摸小腿后保持不动。练习时间分别静止 30 秒、25 秒、20 秒，分 3 组进行，每组间歇 30 秒左右。

目的：加强身体的耐力和动作的持久性。

强度：做至身体发酸无力为止。

次数/频率：单次练习 30 秒、25 秒、20 秒各为一组。

持续时间：每周 2~3 次，每次 3 组。

训练间歇：30 秒/组。

（七）速度训练与速度耐力训练

强化学员的肌肉收缩能力，提高学员完成动作的速度和肌肉耐力。

1．速度训练

将学员分成两人一组，分 4 组练习，每组练习时间 15 秒，组与组之间休息 30 秒，要求学员在 15 秒之内完成相应的个数。

目的：提高训练的速度。

强度：在相应时间内做最大运动量。

次数/频率：单次练习 15 秒为一组。

持续时间：每周 2~3 次，每次 4 组。

训练间歇：30 秒/组。

2．速度耐力训练

将学员分为两人一组，分 3 组进行，每组练习时间为 90 秒，组与组之间休息 120 秒。

目的：加强身体的耐力。

强度：最大输出量至力竭为止。

次数/频率：单次练习 90 秒为一组。

持续时间：每周 2~3 次，每次 3 组。

训练间歇：120秒/组。

四、注意事项

（一）保护与帮助
进行仰卧起坐训练时，要带领学员充分热身，活动各关节，减少运动损伤的发生。

（二）易犯错误
（1）在做仰卧起坐的时候把腿伸直，对脊椎造成压力，使腰背受伤。

（2）颈部过度用力，身体向上时大幅晃动。

（三）纠正方法
（1）在做仰卧起坐时屈腿，双脚平踩体操垫，足跟形成支撑。

（2）双手可以放在身体两侧，或交叉于脑后。身体升起离地10~20厘米后，应收紧腹部肌肉并稍作停顿，然后慢慢把身体下降回原位。

（四）技术要点
（1）在训练时，必须对练习者强调动作技术的关键作用。

（2）腰部力量是影响仰卧起坐成绩的关键。

（3）在训练中，形式要多样化，快慢结合，动静结合，同时提醒学员掌握好正确的呼吸方法，提高训练的实效性。

五、考核要求

（一）条件保障
瑜伽垫、沙袋、平整的场地、记录台，着装各单位自行统一。

（二）考核规则
（1）受试者按动作要领完成的仰卧起坐成绩为其考核成绩。

（2）完成标准：动作连贯，没有出现用其他方式帮助身体前驱、身体不稳定的现象视为完成一次练习。

（3）完成后，成绩记录单位为"次"。

课目二　仰卧举腿

一、场地器械

仰卧举腿具有简便易行的特点，有平地就能进行练习。

二、动作过程

仰卧举腿的动作过程见图3-3-2。

（一）准备姿势
仰卧在体操垫上，双腿并拢伸直绷直脚尖、膝关节，手臂伸直双手掌心朝下平放在身体两侧。

（二）下肢上举
下腹收紧，双腿同时由地面向上快速抬起（双腿全程保持直膝状态）至与地面垂直，在上举双腿的过程中，双腿举到夹角约45度时，稍停顿2~3秒，接着上举至夹角90度或大于

90 度。

图 3-3-2　仰卧举腿

（三）下肢下放

上举结束，将两腿慢慢向下放回地面，特别是夹角小于 45 度后，双腿下放，速度越慢越好，在上举与下放双腿时都要匀速进行。

三、训练方法

（一）静力性训练

静力性训练是指学员在静止状态下，通过克服自身重力或者外在阻力所进行的练习。学员每人一块垫子平躺，双手垫在臀下，将腿抬起与地面保持 30 度左右夹角。练习时间分别静止 30 秒、25 秒、20 秒，分 3 组进行，每组间歇 30 秒左右。

目的：克服自身重力和外在阻力。

强度：最大输出量至力竭为止。

次数/频率：单次练习 30 秒、25 秒、20 秒各为一组。

持续时间：每周 2~3 次，每次 3 组。

训练间歇：30 秒/组。

（二）负重训练

仰卧举腿训练过程中利用沙包对腰腹肌进行深度刺激。将学员分为两人一组，一人平躺在地上，双手分别抓住协助者的小腿，并将自己的双腿同时上举同时放下，反复多次。可以要求学员分别完成 20 个、15 个、10 个，分 3 组进行，每组间歇 30 秒左右。

目的：对腰腹进行深度刺激，发展核心力量。

强度：根据自身状况练习至力竭为止。

次数/频率：单次练习 20 个、15 个、10 个为一组。

持续时间：每周 2~3 次，每次 3 组。

训练间歇：30 秒/组。

（三）计数训练

教员通过口令节奏、变化个数等指挥学员跟节奏练习，规范完成动作。具体操作如下：

1. 口令法

将两位学员分为一组，每组练习 10 个（依个人的能力决定），根据教员口令节奏（2 拍起 2 拍下、1 拍起 1 拍下的不同节奏）完成，练习 3~4 组，组与组之间休息 30 秒左右。

目的：加强身体的控制力。

强度：依照个人能力练习至力竭为止。

次数/频率：单次练习 10 个为一组。

持续时间：每周 2~3 次，每次 3~4 组。

训练间歇：30 秒/组。

2. 递增法或递减法

递增法，即在保证速度的同时将训练次数逐渐增加的方法，如第一组做 10 个，第二组做 12 个，第三组做 15 个，组与组之间休息 30 秒。递减法即训练次数由多到少的方法。

目的：加强身体的控制力和动作的协调性。

强度：根据自身状况而定练习至力竭为止。

次数/频率：单次练习 10 个，12 个，15 个各为一组。

持续时间：每周 2~3 次，每次 3 组。

训练间歇：30 秒/组。

（四）计时训练法

要求学员在规定的时间内尽可能地多做，练习的组数不变。具体操作如下：

1. 等时法

在保证每组练习的时间（10 秒、20 秒、30 秒等）不变的情况下，要求学员尽可能地多做。安排 3~4 组练习，组与组间歇 30 秒。

目的：提高身体的控制力和练习的速度。

强度：在相应时间内达到最大运动量。

次数/频率：单次练习 10 秒、20 秒、30 秒各为一组。

持续时间：每周 2~3 次，每次 3~4 组。

训练间歇：30 秒/组。

2. 计时递增法或递减法

将练习的时间递增，比如第一组做 10 秒，第二组做 15 秒，第三组做 20 秒，组与组间歇 30 秒。递减法即将练习的时间从长到短的方法。

目的：提高身体的控制力。

强度：根据自身状况练习至力竭为止。

次数/频率：单次练习 10 秒、15 秒、20 秒各为一组。

持续时间：每周 2~3 次，每次 3 组。

训练间歇：30 秒/组。

（五）速度训练与速度耐力训练

强化学员的肌肉收缩能力，提高学员完成动作的速度和肌肉耐力。

1. 速度训练

将学员分成两人一组，分 4 组练习，每组练习时间 15 秒，组与组之间休息 30 秒，要求学员在 15 秒内完成相应的个数。

目的：提高肌肉收缩能力和训练速度。

强度：在相应时间内做最多次数的动作。

次数/频率：单次练习 15 秒，10 个为一组。

持续时间：每周 2~3 次，每次 4 组。

训练间歇：30 秒/组。

2. 速度耐力训练

将学员分为两人一组，分 3 组进行，每组练习时间为 90 秒，组与组之间休息 120 秒。

目的：提高身体的耐力和训练的速度。

强度：最大输出量至力竭为止。

次数/频率：单次练习 90 秒为一组。

持续时间：每周 2~3 次，每次 3 组。

训练间歇：120 秒/组。

四、注意事项

（一）保护与帮助

进行仰卧举腿训练时，要带领学员充分热身，活动各关节，减少运动损伤的发生。

（二）易犯错误

（1）在做仰卧举腿的过程中，身体没有平躺，出现了背部拱起。

（2）在做仰卧举腿的过程中，双腿出现膝关节弯曲，双脚晃动。

（三）纠正方法

（1）在做仰卧举腿的过程中，身体保持放松状态，动作配合呼吸，保持速度均匀。

（2）初次训练时，举腿可稍屈，随着肌肉力量的增强，逐步过渡到直腿。

（四）技术要点

（1）在下肢下放的过程中，利用腹肌的拉力控制双腿下落的速度。

（2）在上举与下放双腿时都要匀速进行。

五、考核要求

（一）条件保障

瑜伽垫、沙袋、平整的场地、记录台，着装各单位自行统一。

（二）考核规则

（1）受试者按动作要领完成的仰卧举腿成绩为其考核成绩。

（2）完成标准：动作连贯，没有出现上举过程中膝关节弯曲、身体不稳定、上举角度不够的现象视为完成一次练习。

（3）完成后，成绩记录单位为"次"。

课目三　仰卧两头起

一、场地器械

平地、瑜伽垫、运动装。

二、动作过程

仰卧两头起的动作过程见图 3-3-3。

图 3-3-3　仰卧两头起

（一）准备姿势

仰卧在垫子上，双腿伸直，直膝绷脚，腰背部收紧，两手臂与肩同宽，双手放在头部两侧伸直贴于地面。

（二）上举收腹

上下肢同时抬起，收腹含胸，背肌收紧，膝关节伸直，双手向脚尖靠拢。

（三）仰卧下放

双腿和上身同时下落，下落时要有一定的控制力，速度不应过快。

三、训练方法

（一）静力性训练

静力性训练是指学员在静止状态下，通过克服自身重力或者外在阻力所进行的练习。学员每人一块垫子平躺，双手伸直，将腿抬起与双手保持120度左右夹角。练习时间分别静止30秒、25秒、20秒，分3组进行，每组间歇30秒左右。

目的：在静止状态下克服自身重力或者外在阻力。

强度：根据自身情况设立相应时间至力竭为止。

次数/频率：单次练习30秒、25秒、20秒各为一组。

持续时间：每周2~3次，每次3组。

训练间歇：30秒/组。

（二）负重训练

仰卧两头起训练过程中利用沙袋对腰腹肌进行深度刺激。将学员分为一人一组，平躺在垫上，双手双脚绑上沙袋，并将自己的双手双腿同时上举，同时放下，反复多次。可以要求学员分别完成20个、15个、10个，分3组进行，每组间歇30秒左右。

目的：利用沙袋对腰腹肌进行深度刺激。

强度：根据自身状况做到力竭为止。

次数/频率：单次练习20个、15个、10个各为一组。

持续时间：每周2~3次，每次3组。

训练间歇：30秒/组。

（三）计数训练

教员通过口令节奏、变化个数等指挥学员跟节奏练习，规范完成动作。具体操作如下：

1. 口令法

将两位学员分为一组，每组练习10个（依个人的能力决定），根据教员口令节奏（2拍起2拍下、1拍起1拍下的不同节奏）完成，练习3~4组，组与组之间休息30秒左右。

目的：提高身体的控制力和平衡力。

强度：根据个人能力练习至力竭为止。

次数/频率：单次练习10个为一组。

持续时间：每周2~3次，每次3~4组。

训练间歇：30秒/组。

2. 递增法或递减法

递增法，即在保证速度的同时，将训练次数逐渐增加的方法，如第一组做10个，第二组做12个，第三组做15个，组与组之间休息30秒。递减法即训练次数由多到少的方法。

目的：加强动作的协调性。

强度：根据个人情况练习至力竭为止。

次数/频率：单次练习 10 个、12 个、15 个各为一组。

持续时间：每周 2~3 次，每次 3 组。

训练间歇：30 秒/组。

（四）计时训练法

要求学员在规定的时间内，尽可能地多做，练习的组数不变。具体操作如下：

1. 等时法

在保证每组练习时间（10 秒、20 秒、30 秒等）不变的情况下，要求学员尽可能地多做。安排 3~4 组练习，组与组间歇 30 秒。

目的：加强身体的控制力。

强度：最大输出量，力竭为止。

次数/频率：单次练习 10 秒、20 秒、30 秒各为一组。

持续时间：每周 2~3 次，每次 3~4 组。

训练间歇：30 秒/组。

2. 计时递增法或递减法

将练习的时间递增，比如第一组做 10 秒，第二组做 15 秒，第三组做 20 秒，组与组间歇 30 秒。递减法即将练习的时间从长到短的方法。

目的：加强身体的耐力。

强度：根据自身状况练习至力竭为止。

次数/频率：单次练习 10 秒、15 秒、20 秒各为一组。

持续时间：每周 2~3 次，每次 3~4 组。

训练间歇：30 秒/组。

（五）速度训练与速度耐力训练

强化学员的肌肉收缩能力，提高学员完成动作的速度和肌肉耐力。

1. 速度训练

将学员分成两人一组，分 4 组练习，每组练习时间 15 秒，组与组之间休息 30 秒，要求学员在 15 秒之内完成相应的个数。

目的：提高练习速度和肌肉耐力。

强度：最大输出量，做到力竭为止。

次数/频率：单次练习 15 秒，10 个为一组。

持续时间：每周 2~3 次，每次 4 组。

训练间歇：30 秒/组。

2. 速度耐力训练

将学员分为两人一组，分 3 组进行，每组练习时间为 90 秒，组与组之间休息 120 秒。

目的：加强身体的耐力和训练的速度。

强度：最大输出量，做到力竭为止。

次数/频率：单次练习 90 秒为一组。

持续时间：每周 2~3 次，每次 3 组。

训练间歇：120 秒/组。

四、注意事项

（一）保护与帮助

（1）运动中采取自然呼吸，请勿憋气。

（2）柔韧性较差的人运动幅度千万不能太大，或让他人来帮助提高腰腹柔韧性，防止一步到位的不切合实际的要求。

（二）易犯错误

（1）在做仰卧两头起的过程中，双腿出现膝关节弯曲，双脚晃动。

（2）在做仰卧两头起的过程中，还原速度过快。

（三）纠正方法

（1）初次训练时，举腿可稍屈，随着肌肉力量的增强，逐步过渡到直腿。

（2）在做仰卧两头起的过程中，动作配合呼吸，保持速度均匀，还原时速度要慢。

（四）技术要点

（1）手臂和腿要伸直拉长。起落时连接要协调，身体不能放松。

（2）上下身要同时起落，手脚触碰时，手脚位置越高越好。

五、考核

（一）条件保障

瑜伽垫、沙袋、平整的场地、记录台，着装各单位自行统一。

（二）考核规则

（1）受试者按动作要领完成的仰卧两头起成绩为其考核成绩。

（2）完成标准：动作连贯，没有出现上举过程中膝关节弯曲、身体不稳定、上举角度不够的现象视为完成一次练习。

（3）完成后，成绩记录单位为"次"。

课目四　单杠悬挂举腿

一、场地器械

训练单杠、平整的场地/沙坑/体操垫、镁粉、体能服或练习服、运动鞋等。

二、动作过程

单杠悬挂举腿的动作过程见图 3-3-4。

图 3-3-4　单杠悬挂举腿

（一）准备姿势

选择在高度适中的单杠下站立，上举双手，双手紧握单杠，悬挂身体，身体距离地面30厘米左右，绷紧膝关节、绷直脚尖。

（二）收腹上举

收腹上举双腿至夹角90度或大于90度，并稍停顿3~5秒。

（三）匀速下放

慢慢放下双腿。在练习过程中，上举与下放双腿都要匀速进行，20次为一组，每次练习2~3组。

三、训练方法

（一）静力性训练

静力性训练是指学员在静止状态下，通过克服自身重力或者外在阻力的情况下所进行的练习。练习时间分别静止30秒、25秒、20秒，分3组进行，每组间歇30秒左右。

目的：克服自身重力和外在阻力。

强度：根据自身情况设立相应练习时间。

次数/频率：练习时间可分别静止30秒、25秒、20秒为一组。

持续时间：每周2~3次，每次3组。

训练间歇：30秒/组。

（二）负重训练

单杠悬挂举腿的训练过程中利用沙袋对腰腹肌进行深度刺激。将学员分为一人一组，双脚绑上沙袋。可以要求学员分别完成20个、15个、10个，分3组进行，每组间歇30秒左右。

目的：利用沙袋对腰腹进行刺激。

强度：根据自身状况设立相应强度。

次数/频率：单次练习20个、15个、10个各为一组。

持续时间：每周2~3次，每次3组。

训练间歇：30秒/组。

（三）计数训练

教员通过口令节奏、变化个数等指挥学员跟节奏练习，规范完成动作。具体操作如下：

1. 口令法

将两位学员分为一组，每组练习10个（依个人的能力决定），根据教员口令节奏（2拍起2拍下、1拍起1拍下的不同节奏）完成，练习3~4组，组与组之间休息30秒左右。

目的：训练控制力。

强度：可依照个人情况设立相应强度。

次数/频率：跟着口令节奏一组可做10个。

持续时间：每周2~3次，每次3~4组。

训练间歇：30秒/组。

2. 递增法或递减法

递增法，即在保证速度的同时，将训练次数逐渐增加的方法，如第一组做10个，第二组做12个，第三组做15个，组与组之间休息30秒。递减法即训练次数由多到少的方法。

目的：加强动作的协调性。

强度：可根据个人情况设立相应强度。

次数/频率：单次练习 10 个、12 个、15 个各为一组。

持续时间：每周 2~3 次，每次 1 组。

训练间歇：30 秒/组。

（四）计时训练法

要求学员在规定的时间内，尽可能地多做，而练习的组数不变。具体操作如下：

1. 等时法

在保证每组练习的时间（10 秒、20 秒、30 秒等）不变的情况下，要求学员尽可能地多做。安排练习 3~4 组，组与组间歇 30 秒。

目的：加强动作的协调性。

强度：规定时间内做到力竭为止。

次数/频率：在保证时间不变的情况下尽量多做。

持续时间：每周 2~3 次，每次 3~4 组。

训练间歇：30 秒/组。

2. 计时递增法或递减法

将练习的时间逐渐增加，比如第一组做 10 秒，第二组做 15 秒，第三组做 20 秒，组与组间歇 30 秒。递减法即将练习的时间从长到短的方法。

目的：加强动作的协调性。

强度：可根据自身情况练习至力竭为止。

次数/频率：单次练习 10 秒、15 秒、20 秒各为一组。

持续时间：每周 2~3 次，每次 1 组。

训练间歇：30 秒/组。

（五）速度训练与速度耐力训练

强化学员的肌肉收缩能力，提高学员完成动作的速度和肌肉耐力。

1. 速度训练

将学员分成两人一组，分 4 组练习，每组练习时间 15 秒，组与组之间休息 30 秒，要求学员在 15 秒之内完成相应的个数。

目的：提高训练速度。

强度：根据自身状况，在规定时间里设立相应次数至力竭为止。

次数/频率：单次练习 15 秒为一组。

持续时间：每周 2~3 次，每次 4 组。

训练间歇：30 秒/组。

2. 速度耐力训练

将学员分为两人一组，分 3 组进行，每组练习时间为 90 秒，组与组之间休息 120 秒。

目的：提高身体耐力。

强度：最大输出量，力竭为止。

次数/频率：单次练习 90 秒为一组。

持续时间：每周 2~3 次，每次 3 组。

训练间歇：120 秒/组。

（六）肋木挂臂举腿练习

背靠肋木站立，上举双手，双手反握紧握杠，背靠肋木悬挂身体，身体距离地面30厘米左右、绷紧膝关节、绷直脚尖，然后上举收腹双腿至90度或大于90度夹角，并稍停顿3~5秒，然后慢慢放下双腿。在练习过程中上举与放下双腿都要匀速进行，20次为一组，每次练习2~3组。

目的：强化肌肉收缩力和提高肌肉耐力。

强度：最大输出量，力竭为止。

次数/频率：单次练习20次为一组。

持续时间：每周2~3次，每次2~3组。

训练间歇：60秒/组。

四、注意事项

（一）保护与帮助

训练时易出现摆动幅度过大导致脱手等问题。因此，应减小摆动幅度，或在他人的保护和帮助下完成。

（二）易犯错误

（1）在做单杠悬挂举腿的过程中，身体出现晃动，动作不完整。

（2）单杠悬挂举腿基本上是使用静力来完成的，练习者由于力量不够，容易动作过快，没有制动。

（三）纠正方法

（1）在做单杠悬挂举腿时，体力较好者可以做直腿上举，体力较差者可以做屈腿上举。

（2）练习过程中，不能操之过急，动作幅度由小到大，次数由少到多，为了动作标准可在同伴帮助下完成。

（四）技术要点

（1）收腹举腿一定要找好时机，腿过杠下垂直部位后收腿，必要情况下可用标志物引导。

（2）在训练过程中上举与下放双腿都要匀速进行。

五、考核要求

（一）条件保障

训练单杠、平整的场地/沙坑/体操垫、镁粉、体能服或练习服、运动鞋等。

（二）考核规则

（1）受试者按动作要领完成的单杠悬挂举腿成绩为其考核成绩。

（2）完成标准：动作连贯，没有出现上举过程中膝关节弯曲、身体不稳定、上举角度不够的现象视为完成一次练习。

（3）完成后，成绩记录单位为"次"。

课目五　波速球

一、场地器械

波速球、平整的场地/体操垫、体能服或练习服、运动鞋等。

二、训练方法

（一）波速球"V"字坐

如图3-3-5所示，身体呈"V"字形坐于波速球上，双腿夹紧，直膝上抬至45度，双手与双腿平行，要求用核心区力量控制身体不晃动。

目的：发展身体核心力量。

强度：练至身体发酸无力为止。

次数/频率：一组保持15秒，循序渐进。

持续时间：每周2~3次，每次3~6组。

训练间歇：30秒/组。

（二）波速球动态核心

如图3-3-6所示，双膝跪于波速球上，在波速球上做超人异侧伸展。要求髋关节不出现偏转，手脚伸平。

图3-3-5　波速球"V"字坐　　　　　　　　图3-3-6　波速球动态核心

目的：提高身体的控制力和平衡力。

强度：练至身体发酸无力为止。

次数/频率：单次练习的次数不定。

持续时间：每周2~3次，每次3~6组。

训练间歇：30秒/组。

（三）波速球背起

如图3-3-7所示，将波速球置于上腹部，做背起动作。

目的：锻炼核心肌群。

强度：训练至身体发酸无力为止。

次数/频率：单次练习10~15次为一组。

图3-3-7　波速球背起

持续时间：每周2~3次，每次3~5组。

训练间歇：30秒/组。

（四）波速球俯卧撑

如图3-3-8所示，将波速球倒置，双手撑于波速球两侧，做俯卧撑的同时一侧脚抬起。

图3-3-8　波速球俯卧撑

目的：锻炼核心肌群、三头肌、胸部和肩膀，提高平衡协调能力。

强度：练至身体发软无力为止。

次数/频率：单次练习 10~15 次为一组。

持续时间：每周 2~3 次，每次 3~5 组。

训练间歇：30 秒/组。

三、注意事项

（一）保护与帮助

训练时对核心力量的要求很高，因此，应尽量在他人的保护和帮助下完成动作。

（二）易犯错误

在做波速球的训练中，身体出现晃动、重心不稳的现象。

（三）纠正方法

练习过程中，不能操之过急，动作幅度由小到大，次数由少到多，为了动作标准可在同伴帮助下完成。

（四）技术要点

（1）训练时注意核心肌群的用力。

（2）训练过程中保持躯干适度紧张。

四、考核要求

（一）条件保障

波速球、平整的场地/体操垫、体能服或练习服、运动鞋等。

（二）考核规则

（1）受试者按动作要领完成波速球训练的成绩为其考核成绩。

（2）完成标准：动作连贯，没有出现身体不稳定、动作不够标准的现象视为完成一次练习。

（3）完成后，成绩记录单位为"次"。

课目六　直腿硬拉

一、场地器械

训练单杠、平整的场地、弹力带、镁粉、体能服或练习服、运动鞋等。

二、动作过程

直腿硬拉的动作过程见图 3-3-9。

图 3-3-9　直腿硬拉

（一）准备姿势

双脚打开与肩同宽，双腿挺直，腹部收紧，背部挺直。

（二）俯立

俯立，头部抬起，双手紧握杠铃，掌心朝向身体，双臂微微弯曲放于身体下方。

（三）直立

发力令身体向上直立，挺胸收腹，同时手臂将杠铃向上拉起，双臂弯曲角度约呈 150 度。当身体完全站直后再开始倾斜身体，下降至动作起始姿势。

三、训练方法

（一）弹力带训练法

如图 3-3-10 所示，将弹力带置于双脚下踩住，可连接在杠铃上，提高训练的难度。

图 3-2-10　弹力带训练法

目的：加强对核心肌群的深度刺激。

强度：最大输出量至力竭为止。

次数/频率：单次练习 10~15 次为一组。

持续时间：每周 2~3 次，每次 3~6 组。

训练间歇：60 秒/组。

（二）屈腿硬拉

屈腿硬拉的动作过程见图 3-3-11。

（1）俯立，双脚打开间距略小于肩，挺胸收腹，双腿微微弯曲，头部抬起至高于心脏位置；双手紧握杠铃，掌心朝向身体，双臂保持微弯，垂落于身体两侧。

（2）将杠铃提起，身体由弯曲改为直立，动作中尽量保持挺胸收腹，双肩用力向后收起。

目的：锻炼后腰和背部。

强度：根据个人身体量力而行。

次数/频率：每组 8~12 个。

持续时间：每周 2~3 次，每次 3~6 组。

训练间歇：60 秒/组。

图 3-3-11　屈腿硬拉

四、注意事项

（一）保护与帮助

当腰部肌肉出现疲劳时，腰椎开始不自觉地拱起，使学员产生误区，即随着背部的拱起，你可以得到力量与训练幅度的提高。腰椎容易受伤，在训练时可以佩戴护具或是在同伴的帮助和保护下进行。

（二）易犯错误

（1）随着身体在硬拉过程中向前倾，背部保持伸直的难度也就越大，脊椎开始不自觉地拱起。

（2）在直腿硬拉过程中，腿部出现弯曲。

（三）纠正方法

（1）可以减小动作幅度，不要让杠铃完全下降以保持背部伸直。

（2）运动中双腿始终保持直立，俯身时感受腿部韧带拉伸，腰背挺直，保持头部高于身体。呼气时将身体挺起，手肘可以弯曲也可以伸直；吸气时身体恢复俯身，注意动作应保持匀速。

（四）技术要点

（1）双脚站距较肩窄，双手正握，身体向前倾斜抓住杠铃。

（2）背部尽可能伸直，可以略微向后拱起并保持腿部微曲。

（3）利用腘绳肌肌群与臀部肌群的力量带动杠铃上升。

五、考核要求

（一）条件保障

训练杠铃、平整的场地、弹力带、镁粉、体能服或练习服、运动鞋等。

（二）考核规则

（1）受试者按动作要领完成的直腿硬拉的成绩为其考核成绩。

（2）完成标准：动作连贯，没有出现腿部弯曲、动作不够标准的现象视为完成一次练习。

（3）完成后，成绩记录单位为"次"。

课目七　平板支撑

一、场地器械

瑜伽垫、波速球、平整的场地、体能服或练习服、运动鞋等。

二、动作过程

平板支撑的动作过程见图3-3-12。

图 3-3-12 平板支撑

（一）准备姿势

双膝跪在瑜伽垫上，身体自然放松，调整呼吸。

（二）俯卧支撑

俯卧，双肘弯曲支撑在瑜伽垫上，90 度弯曲肘关节，保持肘关节在肩膀的正下方。肩膀下沉，双脚踩地，膝盖离开地面。

（三）稳定核心

收紧腹部，抬高身体，直至头部、身体和双腿成一直线，保持脊柱中立位。躯干伸直，头部、肩部、胯部和踝部保持在同一平面，腹肌收紧，脊椎延长。

三、训练方法

（一）手掌支撑

用手掌代替双肘来支撑（图 3-3-13）。

目的：锻炼腹部核心力量。

强度：训练至力竭为止。

次数/频率：每组支撑时间循序渐进增加，支撑到力竭为一组。

图 3-3-13　手掌支撑

持续时间：每周 2~3 次，每次 3~6 组。

训练间歇：30~60 秒/组。

（二）单腿支撑

控制身体不动，抬起一条腿，注意骨盆不要倾斜或扭转（图 3-3-14）。

目的：加强难度，锻炼核心肌群，从而有效地锻炼腹横肌。

强度：根据自身情况，支撑到酸痛无力为止。

次数/频率：每组 30 秒以上，尽可能延长时间。

持续时间：每周 2~3 次，每次 3~6 组。

图 3-3-14　单腿支撑

训练间歇：20 秒/组。

（三）波速球支撑

肘关节或手掌支撑在波速球上（图 3-3-15）。

目的：塑造腰部、腹部和臀部的线条，帮助维持肩胛骨的平衡。

强度：根据自身情况，支撑到酸痛无力为止。

次数/频率：每组 30 秒以上，尽可能延长时间。

持续时间：每周 2~3 次，每次 3~6 组。

图 3-3-15　波速球支撑

训练间歇：20秒/组。

四、注意事项

（一）保护与帮助

腰椎容易疲劳受伤，在训练时可以佩戴护具或者在同伴的帮助和保护下进行。

（二）易犯错误

（1）躯干抬起过高，压力过小。

（2）在做手掌支撑时，对手腕造成过大的压力。

（三）纠正方法

（1）在做平板支撑的过程中，腹肌紧张且身体呈一条直线。

（2）在做手掌支撑时，应该把重心放在核心部位，不要刻意以"重心前倾"来追求训练时间。

（四）技术要点

（1）训练过程中，脸部放松，不要闭气。

（2）沉肩，肩带必须保持稳定支撑。

（3）脊柱和骨盆保持中立位，臀部不要抬高或者塌陷。

五、考核要求

（一）条件保障

瑜伽垫、平整的场地、波速球、体能服或练习服、运动鞋等。

（二）考核规则

（1）受试者按动作要领完成的平板支撑成绩为其考核成绩。

（2）完成标准：动作连贯，没有出现腰部塌陷、动作不够标准的现象视为完成一次练习。

（3）完成后，成绩记录单位为"秒"。

思考题

1. 进行上肢力量练习时，最常使用的呼吸节奏是什么？

2. 如何提高上肢肌肉爆发力？

3. 负重半、深蹲的训练方法有哪些？

4. 立定跳远的动作要领有哪些？

5. 两级、三级、多级蛙跳的技术要点有哪些？

6. 平板支撑的训练方法有哪些？

7. 波速球的训练方法有哪些？

8. 仰卧举腿训练过程中的易犯错误有哪些？纠正方法是什么？

第四章　速度训练

第一节　反应速度训练

课目一　听信号启动加速跑

目的：集中学员注意力，改善专项反应时间。

要求：掌握迅速起动加速的动作要领。

一、场地器材

标准田径场或平整的场地、作训服或体能训练服、运动鞋。

二、动作过程

听信号启动加速跑的动作过程见图 4-1-1。

图 4-1-1　听信号启动加速跑

学员围绕场地做慢跑练习，在慢跑过程中听到信号突然起动加速跑 10~15 米。

三、训练方法

（一）听信号转身起跑

目的：训练学员注意力与转身加速能力。

方法：背对前进方向，听到信号后迅速转身 180 度，起动加速跑 10~15 米。

训练强度：最大摄氧量 50%。

训练次数/组数：每周 4~5 次，每次 6~8 组。

训练间歇：30 秒/组。

（二）俯卧撑听信号跑

目的：训练学员由地面起动加速的能力。

方法：做夹肘俯卧撑，听到信号后迅速起跑 10~15 米。

训练强度：最大摄氧量 85%。

训练次数/组数：每周 4~5 次，每次 6~8 组。

训练间歇：30 秒/组。

（三）听枪声起跑

目的：训练学员的专项反应时间。

方法：站立式或蹲踞式，听到枪声后迅速起跑 20~30 米。

训练强度：最大摄氧量 50%。

训练次数/组数：每周 4~5 次，每次 6~8 组。

训练间歇：30 秒/组。

四、注意事项

（一）保护与帮助

加速跑运动前做好热身运动，拉伸肌肉，活动关节，预防突然加速带来肌肉拉伤等运动损伤。运动后注意放松肌肉，缓解运动疲劳。

（二）易犯错误

听到信号后身体后仰。

（三）纠正方法

在跑步过程中应注意重心前移，视线不要平视前方或抬头向上看。

（四）技术要点

（1）两腿迅速用力蹬地，两臂积极配合前后摆动。

（2）上体前倾。

五、考核要求

（一）条件保障

秒表、记录台、考核员、号码布等。

（二）基本规则

（1）完成标准：听到指令立即做出加速反应。

（2）起跑一瞬间的身体姿态要规范。

课目二　原地小步跑接加速跑

目的：发展下肢力量，提高机体反应速度。

要求：熟悉下肢力量训练方法及原则；掌握基本动作要领。

一、场地器材

标准田径场或平整的场地、作训服或体能训练服、穿运动鞋。

二、动作过程

（一）小步跑

上体稍前倾，大腿前抬较低并快速下压，膝关节放松，小腿顺下压的惯性前摆，前脚掌积极着地。前脚掌着地后，膝关节伸直，踝关节稍缓冲并以脚趾完成扒地动作。

（1）踝关节在"离地—再落地"的过程中是放松的。

（2）踝关节在地面停留时，保持一定程度上的僵硬（发力），做好支撑。

（3）抬腿时，不要刻意踢小腿，膝关节放松，小腿自然前摆，而不是前踢。

（4）利用臀部、后大腿肌群发力，加速腿的回摆。

（二）加速跑

两腿交替做后蹬与前摆动作，逐渐使上体抬起，步长加大，步频加快，同时两臂配合腿做积极有力的摆动，使身体迅速摆脱静止状态，获得向前的最大冲力。

三、训练方法

（一）踝关节小步跑

目的：发展脚的动作速度和踝关节肌群弹性力量。加快途中腿回扒的速度，加快步频。

方法：采用很小的步长慢跑，强调脚底肌群的蹬地和踝关节屈伸动作，以脚掌蹬离地面。

训练强度：最大摄氧量70%。

训练次数/组数：每周4~5次，每次3~6组。

训练间歇：1分钟/组。

（二）拖轮胎跑

拖轮胎跑见图4-1-2。

图4-1-2　拖轮胎跑

目的：提高跑进速度力量和爆发力，增加步长。

方法：练习者腰部系绳索，拖动一个汽车轮胎加速跑50米。

训练强度：最大输出量，力竭为止。

训练次数/组数：每周4~5次，每次3~6组。

训练间歇：30秒/组。

（三）小步跑衔接加速跑的训练方法

目的：集中注意力，提高机体反应速度。

方法：两人配合，一人击掌，一人原地跟击掌节奏快速做小步跑练习，当听到"跑"的口令后，迅速向前加速跑进。

训练强度：最大摄氧量85%。

训练次数/组数：每周4~5次，每次3~6组。

训练间歇：1分钟/组。

四、注意事项

（一）保护与帮助

注意在运动前拉伸腿部肌肉，活动踝关节，避免出现运动损伤。

（二）易犯错误

（1）头和上体抬起过早。

（2）后蹬不充分，上体后仰，坐着跑。

（3）前摆大腿抬不起来，向前甩小腿。

（三）纠正方法

（1）练习时，在起跑线前上方合适的距离，设置标志物（绳、杆等），限制学员头和上体抬起的时机。

（2）学员两人一组，一人做原地后蹬练习，体会后蹬用力顺序、动作，另一人双手抵其肩阻抗相助。

（3）反复做快速跑的专门性练习（原地和行进间或支撑下高抬腿跑、后蹬跑、车轮跑等），让学员体会跑的时候，大腿以膝领先，积极地向前上方摆动的身体感觉。

（四）技术要点

要求小步跑身体逐渐前倾至控制不住向前加速跑出。

五、考核要求

（一）条件保障

秒表、记录台、考核员、号码布等。

（二）基本规则

（1）完成标准：听到指令立即做出加速反应。

（2）加速60米所用时间：优秀6秒8以内，良好7秒3，一般7秒8。

课目三　原地摆臂

目的：发展上肢力量，提高摆臂速度，学习正确的上体姿势；协调走、跑与维持平衡，增大步频和步长。

要求：掌握原地摆臂动作的基本要领与练习方法。

一、场地器材

平整的场地、1~2千克的杠铃片、秒表、体能服或练习服、运动鞋等。

二、动作过程

身体直立，两臂弯曲呈约90度夹角，手指放松，手臂前摆至肩膀时，注意肘部与肩高度平行，与此同时，另一侧手臂的肘部与肩也处于平行状态。整个前后摆臂动作是在肩带发力的前提下进行的，在向前摆动的过程中体会通过手臂带动向前的感觉。同时注意摆动的幅度和方向，摆臂方向要在向前摆动的同时，力求放松进行快速摆臂为宜。

三、训练方法

（一）坐姿摆臂

目的：通过避免与地面接触，训练当手臂经过摆动的最低点时的正确手臂姿势。

方法：练习者坐在地板上，双腿自然前伸，随着口令有节奏地加快双臂摆动速度。注意在摆臂的过程中，身体不能出现左右摇摆及离地现象。

训练强度：最大摄氧量60%。

训练次数/组数：每周4~5次，每次3~6组。

训练间歇：20秒/组。

（二）负重摆臂

目的：维持身体重心的稳定，协调身体各方面平衡用力。

方法：双手各持1~2千克的杠铃片进行摆臂练习，摆臂时注重肩带发力，摆臂动作自然放松。随着水平提高逐渐增加摆臂速度。

训练强度：最大摄氧量80%。

训练次数/组数：每周6~7次，每次6~8组。

训练间歇：30秒/组。

（三）复合摆臂练习

目的：机体适应负重到无重量的摆臂练习，提高摆臂速度。

方法：先用1~2千克杠铃片进行20~30次摆臂后，再徒手进行20秒计时的快速摆臂练习，摆臂次数越多越好。

训练强度：最大输出量，力竭为止。

训练次数/组数：每周6~7次，每次6~8组。

训练间歇：30秒/组。

四、注意事项

（一）保护与帮助

（1）辅助者手掌放在摆臂者肩膀后下方处。

（2）学员前摆拳心与鼻尖同高，后摆时以肘关节触击辅助者手掌。

（二）易犯错误

（1）两臂左右摆。

（2）头后仰、挺腹。

（三）纠正方法

（1）肘关节内收靠近腰侧，前摆时不超过体前中心线。

（2）摆臂时眼睛注视前方，身体稍稍往前倾。

（四）技术要点

（1）以手肘当作摆锤，前后画弧。

（2）身体稍稍前倾，两脚开立，可伸缩膝关节，以配合摆臂韵律感。

五、考核要求

（一）条件保障

计数器、记录台、考核员、号码布等。

（二）基本规则

（1）完成标准：以肩为轴，肩带放松，两臂屈肘做前后摆动，向前摆动大小臂夹角是 90 度，向后摆动大小臂夹角是 135 度左右。

（2）1 分钟原地摆臂数量。完成后，成绩记录单位为"次"。

课目四　快速折叠走

目的：提高脚的动作速度；体验在跑步过程中充分折叠的感觉，改进跑步技术。

要求：掌握快速折叠走的基本动作要领与练习方法。

一、场地器材

标准田径场或者平整的场地、体能服或练习服、运动鞋等。

二、动作过程

身体直立，抬起大腿后尽可能充分折叠后向前迈步，然后双腿相互交替自然向前迈步。练习时双臂自然前后摆动，身体直立，腿部充分折叠。跑步中要求双臂快速前后摆动，同时在折叠过程中折叠腿的脚踝尽可能屈曲至臀部。重点体会在折叠过程中折叠腿脚跟碰到臀部的感觉，快速跑步中折叠应充分。进行 20~30 米的距离练习。

三、训练方法

（一）原地摆臂

目的：提高摆臂速度，协调走、跑与维持平衡，增大步频和步长。

方法：身体直立，两臂弯曲呈约 90 度，手指放松，手臂前摆至肩膀时，注意肘部与肩高平行，与此同时，另一侧手臂的肘部与肩也处于平行状态。整个前后摆臂动作是在肩带发力的前提下进行的，在向前摆动的过程中体会通过手臂带动向前的感觉。同时注意摆动的幅度和方向，要在向前摆动的同时力求放松，进行快速摆臂为宜。

训练强度：最大输出量，力竭为止。

训练次数/组数：每周 6~7 次，每次 6~8 组，每组 1 分钟。

训练间歇：30 秒/组。

（二）原地高抬腿

目的：增强腿部力量，提高肩、髋关节的柔韧性，使全身得到锻炼。

方法：身体自然站立，两眼目视前方，一腿高抬，另一腿支撑，两腿互相交换进行，大腿抬高并保持与地面平行，脚踏地有力，两臂前后摆动幅度要大，与抬腿的节奏相配合。为了保持身体平衡，手臂也要相应地抬高，大腿与腹部最好为 90 度的夹角，抬腿的同时要注意用力收腹，两腿轮流进行。

训练强度：最大输出量，力竭为止。

训练次数/组数：每周 5~6 次，每次 6~8 组，每组 1 分钟。

训练间歇：30 秒/组。

四、注意事项

（一）保护与帮助

运动前慢跑热身，充分拉伸下肢肌肉，避免突然的高强度活动拉伤韧带。

（二）易犯错误

折叠不充分。

（三）纠正方法

折叠腿的脚踝尽可能屈曲至臀部。

（四）技术要点

（1）在腾空前摆过程中，折叠腿快速前摆时股后肌群要放松。

（2）在跑步后蹬过程中，上体要保持与后蹬脚呈"一条线"的高重心体态，腹肌收紧。

（3）踝关节前摆着地时做到柔和、快捷，避免生硬着地，强调在最短的时间内蹬离地面。

（4）当摆动腿抬至最高位置，后蹬腿支撑脚底部肌群用力屈踝快速蹬地。

五、考核要求

（一）条件保障

记录台、考核员、号码布等。

（二）基本规则

（1）完成标准：身体姿势，蹬伸充分（以折叠腿的脚踝屈曲至臀部为准）。

（2）在短距离内尽可能完成多次折叠动作。

课目五　后蹬跑

目的：帮助学生体会和掌握跑的蹬地与蹬摆配合技术，强化跑的能力。

要求：掌握后蹬跑的技术要领与训练方法。

一、场地器材

标准田径场或平整的场地、作训服或体能训练服、运动鞋。

二、动作过程

（一）基本姿势

上体正直或稍前倾，两臂前后有力地摆动。

（二）蹬地

充分伸展髋关节，膝、踝关节蹬伸在后，后蹬力量大，重心前移，身体较放松。

（三）前跨

摆动腿积极向前上方摆动至水平或接近水平部位时，带动同侧髋充分前送，同时膝关节放松，大腿积极下压。

（四）后拉

小腿前送至足前掌着地，缓冲，迅速转入后蹬。

三、训练方法

（一）脚回环

目的：提高下肢的运动功能，发展摆动腿快速折叠和前摆能力。

方法：单腿支撑，手扶固定物维持平衡，一只脚以短跑动作进行回环练习。

训练强度：最大摄氧量 75%。

训练次数/组数：每周 3~6 次，每次 3~6 组。

训练间歇：30~60 秒/组。

（二）原地支撑跑

原地支撑跑动作过程见二维码。

目的：锻炼腿部肌群、核心肌群以及肩膀的稳定性。

方法：练习时可用双手撑住把杆或桌子的一端，逐渐加大双腿后蹬的幅度，直到个人所能达到的最大限度为止。除了由小到大的加大幅度练习外，还可进行由慢到快的提升速度练习。练习时后蹬腿的频率要逐渐加快，也是以到达所能承受的最大限度为宜。

训练强度：最大输出量，力竭为止。

训练次数/组数：60~90 秒为一组，共 5~8 组。

训练间歇：10 秒/组。

四、注意事项

（一）保护与帮助

运动前慢跑热身，充分拉伸下肢肌肉，避免突然的高强度活动拉伤韧带。

（二）易犯错误

后蹬不充分，上体后仰。

（三）纠正方法

（1）通过示范、讲解，使学员明确后蹬动作、过程的合理用力方式，建立正确的后蹬技术概念。

（2）通过短距离跑，加深体会蹬伸膝、踝关节的动作技术。

（3）要求重心要高、前摆和后蹬幅度大。

（四）技术要点

前脚掌用力蹬地，后蹬充分，摆动腿屈膝向前上方抬摆，两臂协调配合。

五、考核要求

（一）条件保障

记录台、考核员、号码布等。

（二）后蹬跑 20 米技术评定标准

（1）合格：前脚掌用力蹬地，摆动腿以膝带髋前送，后蹬充分，重心比较平稳，动作协调连贯。

（2）不合格：后蹬不充分，送髋不够，重心起伏较大，动作不协调。

第二节　移动速度训练

课目一　60/100 米跑

目的：增强下肢力量，提高短跑速度。

要求：掌握 60/100 米跑的基本动作概念与练习方法。

一、场地器材

标准田径场、作训服或体能训练服、运动鞋。

二、动作过程

（一）蹲踞式起跑

屈体，两手撑地，有力腿在前，前脚距起跑线一脚至一脚半。后脚距前脚一脚至一脚半，两个脚中轴线间隔约 15 厘米（约一拳半），后腿跪地；前抵足板与地面大约成 45 度角，后抵足板与地面成大约 65 度角。两手收回紧靠起跑线后沿并撑于地面，两手拇指相对，其余四指并拢或稍分开与拇指成“八字形”，虎口向前做弹性支撑。两手距离比肩稍宽，两臂伸直，肩微移超过起跑线；头与躯干保持在一条直线上，颈部自然放松，两眼视前方半米处，身体质量均衡地落在两手、前脚和后膝关节之间。听到“预备”口令后，运动员可深吸一口气，然后抬起臀部，身体重心同时前移，形成臀部高于肩、肩超过起跑线的身体姿势。此时体重主要由两臂和前脚支撑。前腿大小腿夹角约为 90 度，后腿大小腿夹角约为 120 度。两脚脚掌紧贴起跑器抵足板，全神贯注，静听枪声或口令准备起跑。听到枪声或“跑”的口令后，两手迅速推离地面，两臂屈肘做有力的前后摆动，同时两腿迅速蹬起跑器。后腿蹬离起跑器后，以膝领先向前摆出，而前腿要快速有力地蹬伸髋、膝、踝三大关节，把身体向前上方有力地送出。此时，前腿的后蹬角度为 42～45 度，上体前倾与地面成 15～20 度角，接着迅速发力冲出。

（二）起跑后加速跑

当后腿蹬离地面并结束前摆后便积极下压着地，第一步着地应尽量靠近身体重心投影点，脚着地后迅速转入后蹬，前腿在蹬离地面后，也迅速屈膝向前摆动。起跑后的最初几步两脚沿着两条相距不宽的直线前进，随着跑速的加快，两脚着地点就逐渐合拢到假定的一直线两侧。加速跑的距离一般为25~30米。

（三）途中跑

途中跑的周期由支撑阶段和腾空阶段组成。支撑腿的有力后蹬，为身体重心快速腾起和摆动腿的充分摆动创造有利的条件。同时摆动腿的快速摆动又能给予后蹬动作以积极的影响。前进时，上体保持正直，或稍前倾，两臂做前后摆动，配合腿部动作，保持跑动中的平衡。

（四）终点冲刺跑

用尽全部力量，加强后蹬力和加快摆腿与摆臂的速度。在终点线前上体迅速前倾以胸部或肩部撞线，并顺势跑过终点。

三、训练方法

（一）起跑蹬地加速20米

目的：加快60/100米跑起跑反应速度和启动速度。

方法：蹲踞式起跑动作，听到"预备"口令后，抬起臀部；听到"跑"的口令迅速向前加速跑动20米。

训练强度：最大摄氧量75%。

训练次数/组数：每周5~6次，每次6~8组。

训练间歇：30秒/组。

（二）助力起跑

目的：提高起跑时腿的快速折叠能力和步频，突破"速度障碍"。

方法：练习者和同伴相距3~5米，两人在腰部系一胶带前后拉紧连接起来跑。练习者进行自己选择的"预备"姿势后，听命令在胶带助力牵引下起跑。

训练强度：最大摄氧量50%。

训练次数/组数：每周5~6次，每次6~8组。

训练间歇：30秒/组。

（三）爆发力训练（负重蹲杠铃）

负重蹲杠铃见图4-2-1。

图4-2-1　负重蹲杠铃

目的：增大肌肉的收缩力量和工作距离，缩短工作时间。

方法：将杠铃放在肩膀后上部的位置，双手握住杠铃，握距要近一些。双脚与肩同宽，头向上抬，背部挺直，双手握紧。弯曲膝盖向后坐，直到大腿和地面平行为止。腿用力向下蹬，将身体抬起，回到起始姿势。

训练强度：即以能举 6 次之重量为训练强度，设法以最快速度进行。如果次数 6 次进步到 12 次时，即应进行重量测验，增加重量，并由 6 次重新开始。

训练次数/组数：每周 3 天，每天 12 组，每组 6~12 次。

训练间歇：2~3 分钟/组。

（四）弹跳力训练（负重蹲跳）

负重蹲跳见图 4-2-2。

图 4-2-2　负重蹲跳

目的：增加机体的耗氧量，加强肌肉力量。

方法：

（1）将一个装载轻重量的杠铃横贯于双肩后方。也可以使用加重衣、沙袋或者其他形式的阻力。

（2）重量应当是足够轻的，不会明显影响速度。双脚应保持略大于肩宽的距离，抬头挺胸，这是动作的起始位置。

（3）采用反向运动，微蹲，然后立刻翻转方向跳离地面，伸展臀部、膝盖和脚踝。在跳跃中保持良好的姿态。

（4）落地时，用双腿缓冲落地的影响。

训练强度：最大输出量，力竭为止。

训练次数/组数：每周 5 次，每天 8 组，每组 30 个。

训练间歇：2 分钟/组。

四、注意事项

（一）保护与帮助

运动前先慢跑热身，而后根据自身的柔韧进行适当的拉伸运动，可以拉长肌微丝之间的相对长度，提高肌肉组织的弹性，减少剧烈运动使肌肉撕裂的可能性。同时，热身运动也可以促进肌膜之间润滑液及关节腔内关节液的分泌，减少运动中肌肉之间的相互摩擦并且增加关节面的润滑程度，防止剧烈运动时肌肉拉伤和关节面磨损。运动完后进行积极的放松与拉伸，避免运动后肌肉僵硬，同时缓解运动疲劳。

（二）易犯错误

（1）两腿蹬起时无力。

（2）起跑后上体抬起过早。

（3）呼吸方法不正确和跑的节奏性差。

（4）身体重心起伏过大，跑的直线性差。

（三）纠正方法

（1）多做正确"预备"姿势的静态练习，要求学员脚要压紧地面。

（2）多做蹬离地面时摆腿摆臂协调性练习。

（3）反复讲解示范，使学员了解正确的呼吸方法及跑的节奏性的重要意义。原地跑步，练习呼吸步子的协调配合，逐渐过渡到途中跑，保持呼吸和步子的协调配合；多做各种跑的练习，在练习中强调保持稳定的步长和步频以及均匀的跑速，通过分段报时的方法，逐渐培养跑的速度感。

（4）注意膝关节向正前方摆动，用适宜的后蹬角度跑；加强弱腿力量练习，增强手臂、肩带的力量，加强摆臂技术练习，沿跑道的白线跑，强调用前脚掌内侧着地。

（四）技术要点

（1）跑的动作平衡、重心上下起伏较小。

（2）上下肢动作配合协调，上肢摆臂积极有力，下肢蹬摆结合、以摆促蹬。

五、考核要求

（一）条件保障

秒表、记录台、考核员、号码布等。

（二）跑 60/100 米所用时间

1. 60 米所用时间

男子优秀：6 秒 8 以内；良好：7 秒 3 以内；一般：7 秒 8 以内。

女子优秀：7 秒 3 以内；良好：7 秒 6 以内；一般：8 秒以内。

2. 100 米所用时间

男子优秀：11 秒 9 以内；良好：12 秒 34 以内；一般 12 秒 8 以内。

女子优秀：14 秒以内；良好：15 秒以内；一般 15 秒 6 以内。

课目二   200/400 米跑

目的：增强下肢力量，提高短跑速度。

要求：掌握 200/400 米跑的基本动作概念与练习方法。

一、场地器材

标准田径场、作训服或体能训练服、运动鞋。

二、动作过程

（一）蹲踞式起跑

屈体，两手撑地，有力腿在前，前脚距起跑线一脚至一脚半。后脚距前脚一脚至一脚半，两个脚中轴线间隔约 15 厘米（约一拳半），后腿跪地；前抵足板与地面大约成 45 度角，后抵足板与地面成大约 65 度角。两手收回紧靠起跑线后两手拇指相对，其余四指并拢或稍分开与拇指成"八字形"，虎口向前做弹性支撑。两手距离比肩稍宽，两臂伸直，肩微移超过起跑线；头与躯干保持在一条直线上，颈部自然放松，两眼视前方半米处，身体质量均衡地落在两手、前脚和后膝关节之间。听到"预备"口令后，运动员可深吸一口气，然后抬起臀部，身体重心同时前移，形成臀部高于肩、肩超过起跑线的身体姿势。此时体重主要由两臂和前脚支撑。前腿大小腿夹角约为 90 度，后腿大小腿夹角约为 120 度。两脚脚掌紧贴起跑器抵足板，全神贯注，静听枪声或口令准备起跑。听到枪声或"跑"的口令后，两手迅速推离地面，两臂屈肘做有力的前后摆动，同时两腿迅速蹬起跑器。后腿蹬离起跑器后，以膝领先向前摆出，而前腿要快速有力地蹬伸髋、膝、踝三大关节，把身体向前上方有力地送出。此时，前腿的后蹬角度为 42~45 度，上体前倾与地面成 15~20 度角；接着迅速发力冲出。

（二）弯道跑

身体呈向左倾斜姿势，以产生向心力。跑速越快，内倾程度越大，右腿前摆时膝关节稍内扣，并以前脚掌内侧着地；左腿前摆时，膝关节稍朝外，用前脚掌外侧着地。右臂摆动力量和幅度应大于左臂。

（三）途中跑

途中跑的周期由支撑阶段和腾空阶段组成。支撑腿的有力后蹬，为身体重心快速腾起和摆动腿的充分摆动创造有利的条件。同时摆动腿的快速摆动又能给予后蹬动作以积极的影响。前进时，上体保持正直，或稍前倾，两臂做前后摆动，配合腿部动作，保持跑动中的平衡。

（四）终点冲刺跑

用尽全部力量，加强后蹬力和加快摆腿与摆臂的速度。在终点线前上体迅速前倾以胸部或肩部撞线，并顺势跑过终点。

三、训练方法

（一）信号站立式起跑（四点支撑）

信号站立式起跑的动作见图 4-2-3。

图 4-2-3　信号站立式起跑

目的：集中注意力和反应能力。

方法：学员采用四点支撑的站立起跑姿势，当教员轻点学员背部（触觉）或给予口令

"跑"（听觉）时，学员迅速摆臂蹬地跑出。

训练强度：最大摄氧量 50%。

训练次数/组数：每周 3~5 组，8 次/组。

训练间歇：1 分钟/组。

（二）弯道跑技术的训练

目的：克服离心力，保持身体平衡，上下肢协调配合。

方法：

（1）在小圆圈上（半径约 10~15 米）用慢速跑、中速跑、快速跑进行练习，体会和学习弯道跑技术。

（2）从直道进入弯道跑 30~40 米，体会从直道跑入弯道的技术。

（3）从弯道进入直道跑 30~40 米，体会从弯道跑入直道的技术。

（4）做全弯道跑，学员进行 120~150 米的全弯道跑，体会进入弯道和跑出弯道的衔接技术。

训练强度：最大摄氧量 70%。

训练次数/组数：每周 5~7 次，每次 8 组，每组 3 次。

训练间歇：1 分钟/组。

（三）爆发力训练（深蹲跳）

目的：发展垂直纵跳爆发力。

方法：

（1）深蹲至大腿与地板平行，挺胸向前看。

（2）深蹲时，双臂向前平直伸出，起跳时，双臂甩向身后。

（3）跳得越高越好，跳时呼气，轻轻落地，要有缓冲。

（4）深蹲时，膝盖不要超过脚尖，脚后跟不要抬起。

训练强度：最大输出量，力竭为止。

训练次数/组数：每周 3 次，每次 3 组，每组 30 次。

训练间歇：60~90 秒/组。

（四）弹跳力训练（深纵跳）

目的：提高双腿发力下的最大弹跳力。

方法：从跳箱上跳下接着又跳上的练习，或连续跳栏架的练习。当人体由高处跳起落下时，在空中髋、膝、踝三大关节充分伸展，一旦落地，立刻保持膝关节角度为 140 度左右的半蹲姿势，在屈膝缓冲瞬间迅速由髋部发力，依次蹬伸各关节使人体腾空与地面保持垂直跳起，此时不允许队员向上提膝收腿，这样队员在重力加速度作用下落地迅速反弹的高度必须完全由臀大肌、肌四肌、小腿三头肌发力而获得"净高度"，而非靠收腹、提腿产生的"假高度"。

训练强度：最大输出量，力竭为止。

训练次数/组数：每周 2 次，每次 5 组，每组 20 次。

训练间歇：2 分钟/组。

四、注意事项

（一）保护与帮助

运动前先慢跑热身，然后根据自身的柔韧性进行适当的拉伸运动，拉长肌微丝之间的相对长度，提高肌肉组织的弹性，减少剧烈运动使肌肉撕裂的可能性。同时，热身运动也可以促进肌膜之间润滑液及关节腔内关节液的分泌，减少运动中肌肉之间的相互摩擦并且增加关节面的润滑程度，防止剧烈运动时肌肉拉伤和关节面磨损。运动完后，进行积极的放松与拉伸，避免运动后肌肉僵硬，同时缓解运动疲劳。

（二）易犯错误

（1）在弯道起跑时加不起速度。

（2）弯道跑时身体没有内倾。

（3）呼吸方法不正确和跑的节奏性差。

（4）终点前明显减速。

（三）纠正方法

（1）起跑点贴合跑道右侧，正对弯道内侧的切点方向，起跑时左手撑在起跑线后 5~10 厘米处，使身体正对弯道的切点；起跑后开始一段距离应沿着直线前进，缩短疾跑的距离，身体要早些抬起，尽快进入弯道跑。

（2）沿着分钟道线内侧加速跑，强调躯干内倾和外侧摆臂用力，多做弯道跑练习，消除动作紧张状态。

（3）反复讲解示范，使学员了解正确的呼吸方法及跑的节奏性的重要意义。原地跑步，练习呼吸步子的协调配合，逐渐过渡到途中跑，保持呼吸和步子的协调配合；多做各种跑的练习，在练习中强调保持稳定的步长和步频以及均匀的跑速，通过分段报时的方法，逐渐培养跑的速度感。

（4）做集中注意力和放松跑练习、自然快速跑过终点练习。

（四）技术要点

（1）加速时，两臂屈肘用力地前后摆动，双腿交替用力前迈与后蹬。

（2）控制呼吸、把控跑步节奏。

五、考核要求

（一）条件保障

秒表、记录台、考核员、号码布等。

（二）跑 200/400 米所用时间

1. 200 米所用时间

男子优秀：23 秒 6 以内；良好：23 秒 9 以内；一般：24 秒 2 以内。

女子优秀：27 秒 1 以内；良好：27 秒 5 以内；一般：27 秒 9 以内。

2. 400 米所用时间

男子优秀：1 分以内；良好：1 分 3 秒以内；一般：1 分 5 秒以内。

女子优秀：1 分 3 秒以内；良好：1 分 5 秒以内；一般：1 分 8 秒以内。

课目三 斜坡变速跑

目的：提高运动员的加速能力，增强下肢力量。

要求：掌握变速跑过程的节奏变化。

一、场地器材

一条长 40 米呈 3~5 度角的斜坡、作训服或体能训练服、运动鞋。

二、动作过程

在前 20 米积极加速，然后通过 5 米左右的转换放松跑后利用惯性放松跑完坡道。在第一个加速时要尽可能把速度提高到最高，在转换后的加速冲刺跑后积极放松跑完剩下的坡道距离。上坡跑步时要做到积极高抬膝和后蹬跑，在下坡跑时要注意以跑步的频率练习为主，上坡与下坡练习交替进行（图 4-2-4）。

图 4-2-4　斜坡变速跑

三、训练方法

（一）重复跑训练

目的：提高移动速度。

方法：跑的距离为 30~100 米，每次控制练习时间在 20 秒之内。

训练强度：采用极限强度，有时可达 100%。大多数情况下采用最大摄氧量的 85% ~ 95%，这样可保持 ATP 功能，延长训练时间，防止参训人员过早出现疲劳及外伤的产生；还便于改进和巩固动作技术，防止过早出现"速度障碍"。同时应注意训练的强度要经常变化。

训练次数/组数：每周 5 次，每次 8 组。

训练间歇：当参训人员心率恢复到 120~140 次/分钟时，即进行下一组训练。

（二）负重交换腿上下跳台阶

负重交换腿上下跳台阶的动作过程见图 4-2-5。

图 4-2-5　负重交换腿上下跳台阶

目的：发展下肢对抗缓冲、支撑身体力量和蹬伸速度力量及爆发力。

方法：肩负轻杠铃，双手握在体侧杠铃杆上，一只脚踩在 25~35 厘米高台阶上，另一只脚踩在地面。快速蹬上台阶并跳起，下降过程交换双腿位置。尽量减少双脚支撑和双腿蹬伸用力时间。注意使用稳固的台阶和平整、不光滑的地面，以保证安全。

训练强度：最大强度，力竭为止。

训练次数/组数：每周 3~5 次，每次 6~8 组。

训练间歇：30~60 秒/组。

（三）弹跳力训练（直腿跑）

目的：发展髋部肌群力量，提高踝关节肌群弹性力量。

方法：膝关节伸直跑进，脚尖翘起。强调用前脚掌与地面的快速接触，髋部肌群用力向前"拉"动身体。

训练强度：最大强度，力竭为止。

训练次数/组数：每周 5 次，每次 8 组。

训练间歇：当参训人员心率恢复到 120~140 次/分钟时，即进行下一组训练。

四、注意事项

（一）保护与帮助

运动前先在坡度场地慢跑热身，适应坡度。

（二）易犯错误

移动速度发展到一定程度，会产生"速度障碍"现象，即速度出现停滞、难以提高的现象。

（三）纠正方法

（1）初训者的训练要注意全面，打好基础，不应过急。

（2）训练中可多采用一些发展速度力量的练习手段，培养快速用力能力。

（3）用最大负荷进行速度训练时，负荷不可过大。

（4）训练后要注意及时使肌肉得到放松，有利于提高肌肉的内协调能力、血液循环速度，加快能源物资的恢复。

（5）已产生的"速度障碍"，应采用各种变换训练法进行突破。

（四）技术要点

（1）斜坡跑中，姿势应该保持和平地上一样。头、肩、臀和脚踝应该始终在一条直线上。

（2）强调最高速度的动作节奏。

五、考核要球

（一）条件保障

秒表、记录台、考核员、号码布等。

（二）基本规则

（1）完成标准：身体姿态、蹬伸充分。

（2）考察斜坡的瞬时加速能力。

课目四　下坡冲刺跑

目的：提高跑进最大速度和加快步频的能力。

要求：掌握正确下坡冲刺技术。

一、场地器材

一条长 40 米、呈 3~5 度角的斜坡。3~5 度角的斜坡对发展最大速度效果最为明显，低于或高于这个角度的斜坡均不合适。通常以草地或塑胶跑道地面为宜，不宜用煤渣或沥青跑道进行这种练习。学员着作训服或体能训练服，穿运动鞋。

二、动作过程

后脚迅速抬腿，前脚用力后蹬；腿关节用力后蹬，两臂用力前后摆；身体前倾，步幅加大。

三、训练方法

（一）高抬腿折叠跑

目的：发展快速提高膝关节的能力和摆动腿的折叠速率。

方法：从慢跑开始，使摆动脚跟拍击臀部，膝关节在弯曲过程中向前摆动，上体保持正直，根据个人能力适当加快步频，折叠摆动腿时脚跟必须在身体后面。

训练强度：个人所能达到的最快速度，力竭为止。

训练次数/组数：每周 3~5 次，每次 8 组，每组持续时间为 1 分钟。

训练间歇：30 秒/组。

（二）踮步折叠腿大步走

目的：发展快速屈髋和伸髋能力，提高踝关节紧张度。

方法：以短跑的身体姿势和摆臂动作起跑，摆动腿高抬并充分屈膝，腿靠近臀部，并且翘脚尖，当摆动腿抬至最高位置时，后蹬腿支撑脚底肌群用力屈踝快速蹬地，同时踮步。脚快速落地过程中不要发出声音，强调踝关节的紧张度。

训练强度：个人所能达到的最快速度，力竭为止。

训练次数/组数：每周 3~5 次，每次 8 组，每组移动距离为 100 米。

训练间歇：30 秒/组。

（三）多方向 20 秒高抬腿

目的：发展身体向不同方向快速移动的调节能力及动作协调性。

方法：学员以半蹲姿势开始，先向前做 5 秒快速高抬腿，然后向左侧做 5 秒快速高抬腿，再向右侧做 5 秒快速高抬腿，最后后退做 5 秒快速高抬腿。

训练强度：个人所能达到的最快速度，力竭为止。

训练次数/组数：每周 3~5 次，每次 8 组。

训练间歇：30 秒/组。

四、注意事项

（一）保护与帮助

运动前先在坡度场地慢跑热身，适应坡度。

（二）易犯错误

（1）在下坡冲刺跑过程中全脚掌着地。

（2）在下坡冲刺跑过程中为控制速度而试图降速或因视线落在正前方或斜上方而造成身体自然形成后仰姿势，增加膝部和腰部的负担。

（三）纠正方法

（1）下坡跑时一定要保持前脚掌落地，这样可以吸收落地的震动，用整条腿来化解给膝盖等部位带来的冲击力。

（2）身体的重心稍微靠前一点点。双臂张开来维持平衡，身体向前倾。注意缩小步幅，用更紧凑的步幅与步频控制好配速。

（3）跑下坡时应注意视线注视前方稍低的位置。如果注视正前方或斜上方，下巴会抬高，降低跑步时的稳定性且更易消耗体力，因此跑下坡时要收着下巴（也不要刻意过度收下巴）放松望向前面。

（四）技术要点

（1）强调技术动作的积极加速，尽可能在接近坡底时把速度提高到最大。

（2）动作积极放松，强调着地时最短时间蹬离地面。

（3）到达坡底时要维持最高速度继续跑 30 米。

（4）练习时要根据具体情况，安排不同对手进行比赛型训练。

五、考核要求

（一）条件保障

秒表、记录台、考核员、号码布等。

（二）基本规则

（1）下坡冲刺时正确的身体姿态。

（2）40 米下坡所用冲刺时间：优秀 4 秒 3 以内；良好 4 秒 8 以内；一般 5 秒 3 以内。

课目五　阻力伞

目的：锻炼学员腿部肌肉的力量，保证其在后蹬、步幅、摆臂等技术环节上的正确性。增加运动员的阻力负荷，运动员在起跑时的阻力很小，有利于速度的发挥，随跑速增加阻力增大。运动员在各种速度下都可获得相对最大的阻力负荷。

要求：掌握正确运用阻力伞的训练原理及方式。

一、场地器材

平整的场地、阻力伞、作训服或体能训练服、运动鞋。

二、动作过程

（一）肩背阻力伞

肩背阻力伞的动作过程见图 4-2-6。

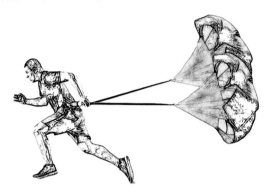

图 4-2-6　肩背阻力伞

将阻力伞置于肩背，肩背方式能提高对腰背的拉力。在训练过程中，运动员想要获得高速度，上体必须主动发力并保持身体姿态。该训练对发展腰背以及核心力量有着直接的作用。

（二）以最大速度向前加速跑进 100 米

保证支撑腿的充分伸展和短暂接触地面时间。

三、训练方法

（一）适应阶段

目的：让学员适应阻力伞的阻力特点，避免出现动作变形的情况。

方法：采用伞面直径 50 厘米的阻力伞，使得学员在启动之后，伞面能够迅速地张开。

训练强度：最大强度，力竭为止。

训练次数/组数：每周 2~3 次，每次 2~3 组，距离 30~60 米。中间插入一组正常 50 米跑。

训练间歇：当学员心率恢复到 120~140 次/分钟时开始下一组训练。

（二）发展阶段

目的：提高难度，促使学员主动发力，与阻力对抗。

方法：选择伞面直径 60 厘米的阻力伞。

训练强度：最大强度，力竭为止。

训练次数/组数：每周 3~4 次，每次 2~3 组，距离 50~70 米。每组阻力伞训练后接一次正常的 60 米。

训练间歇：当学员心率恢复到 120~140 次/分钟时开始下一组训练。

（三）提高阶段

目的：帮助学员突破自身力量和速度耐力的瓶颈期。

方法：根据学员自身能力水平选择多个直径为 40 厘米的阻力伞。

训练强度：最大强度，力竭为止。

训练次数/组数：每周 4~5 次，每次 2~3 组，距离 100 米。每组阻力伞训练后接一次正常的 100 米。

训练间歇：当学员心率恢复到 120~140 次/分钟时开始下一组训练。

四、注意事项

（一）保护与帮助

辅助者帮助练习者使阻力伞置于身后 3~4 步的距离以施加阻力，防止其自然下垂。

（二）易犯错误

在跑步过程中重心过低。

（三）纠正方法

在加速过程中要保持上体挺直，注意调节身体的重心，重心过低会导致下肢发力不充分。

（四）技术要点

（1）双脚前后自然开立，脚尖指向移动方向，加速过程中，注意时刻保持躯干的稳定性，抬头挺胸，下肢蹬地，快速摆臂。

（2）不要向阻力方向倾倒。

五、考核要求

（一）条件保障

秒表、记录台、考核员、号码布等。

（二）基本规则

（1）阻力伞冲刺时保持正确的身体姿态。

（2）60 米所用冲刺时间（采用 50 厘米阻力伞）：优秀 7 秒 3 以内；良好 7 秒 6 以内；一般 8 秒以内。

思考题

1. 反应速度、动作速度与移动速度在练习方法上有何异同点？

2. 如何避免运动时出现运动损伤？

3. 速度的快慢与自身的肌肉力量有关系吗？

第五章　耐力训练

第一节　有氧耐力训练

目的：发展学员有氧运动耐力和速度耐力。

要求：掌握有氧耐力训练内容和练习方法。

场地器材：标准田径场或平整的场地、起跑器、秒表、运动服或体能训练服、运动鞋。

课目　变速跑

一、动作过程

（一）蹲踞式起跑

屈体，两手撑地，有力腿在前，前脚距起跑线一脚至一脚半。后脚距前脚一脚至一脚半，两个脚中轴线间隔约 15 厘米（约一拳半），后腿跪地；前抵足板与地面大约成 45 度角，后抵足板与地面成大约 65 度角。两手收回紧靠起跑线后沿并掌于地面，两手拇指相对，其余四指并拢或稍分开与拇指成"八字形"，虎口向前做弹性支撑。两手距离比肩稍宽，两臂伸直，肩微移超过起跑线；头与躯干保持在一条直线上，颈部自然放松，两眼视前方半米处，身体质量均衡地落在两手、前脚和后膝关节之间。听到"预备"口令后，运动员可深吸一口气，然后抬起臀部，身体重心同时前移，形成臀部高于肩、肩超过起跑线的身体姿势。此时体重主要由两臂和前脚支撑。前腿大小腿夹角约为 90 度，后腿大小腿夹角约为 120 度。两脚脚掌紧贴起跑器抵足板，全神贯注，静听枪声或口令准备起跑。听到枪声或"跑"的口令后，两手迅速推离地面，两臂屈肘做有力的前后摆动，同时两腿迅速蹬起跑器。后腿蹬离起跑器后，以膝领先向前摆出，而前腿要快速有力地蹬伸髋、膝、踝三大关节，把身体向前上方有力地送出。此时，前腿的后蹬角度为 42~45 度，上体前倾与地面成 15~20 度角，接着迅速发力冲出。

（二）弯道跑

身体呈向左倾斜姿势，以产生向心力。跑速越快，内倾程度越大，右腿前摆时膝关节稍内扣，并以前脚掌内侧着地；左腿前摆时，膝关节稍朝外，用前脚掌外侧着地。右臂摆动力量和幅度应大于左臂。

（三）途中跑

途中跑的周期由支撑阶段和腾空阶段组成。支撑腿的有力后蹬为身体重心快速腾起和摆动腿的充分摆动创造有利的条件，同时，摆动腿的快速摆动又能给予后蹬动作以积极的影响。前进时，上体保持正直，或稍前倾，两臂作前后摆动，配合腿部动作，保持跑动中的平衡。短跑的途中跑呈现出明显的快速并富有力量感。

（四）终点冲刺跑

用尽全部力量，加强后蹬力和加快摆腿与摆臂的速度。在终点线前，上体迅速前倾以胸部或肩部撞线，并顺势跑过终点。

二、训练方法

（一）定时变速跑

目的：提升有氧耐力和速度耐力。

方法：在长跑中定点计时，如在3000米或5000米有氧耐力跑中，每次定点加速跑20秒或30秒，然后匀速慢跑，教练员可以举手或用哨音来指挥。

训练强度：最大摄氧量80%。

训练次数：每400米加速一次，具体根据跑步距离来定。

训练间歇：每周2~3次。

（二）短距变速跑（1）

目的：提升有氧速度耐力以及腿部爆发力。

方法：60米快跑+60米慢跑+60米快跑+60米慢跑，每次开始练习时心率为120次/分。

训练强度：最大摄氧量90%~95%。

训练次数：每组6~8次，每次2~3组。

训练间歇：每组间隔3~5分钟，每次间歇30秒。

（三）短距变速跑（2）

目的：提升有氧速度耐力。

方法：100米快跑+100米慢跑+100米快跑+100米慢跑，每次开始练习时心率为120次/分。

训练强度：最大摄氧量85%~90%。

训练次数：每组3~4次，每次2~3组。

训练间歇：每组间隔5~8分钟，每次间歇60~90秒。

（四）不同距离变速跑

目的：提升有氧速度耐力与无氧耐力以及下肢爆发力。

方法：200米快跑+100米慢跑+100米冲刺跑，每次开始练习时心率为120次/分。

训练强度：最大摄氧量80%~90%。

训练次数：每组3~4次，每次2~3组。

训练间歇：每组间隔5~8分钟，每次间歇2~3分钟。

（五）逐渐缩短距离变速跑

目的：提升有氧速度耐力与无氧耐力。

方法：300米快跑+200米慢跑+100米冲刺跑，每次开始练习时心率为120次/分。

训练强度：最大摄氧量80%~90%。

训练次数：每组2~3次，每次1~2组。

训练间歇：每组间隔8~10分钟，每次间歇3~5分钟。

（六）不同距离组合变速跑

目的：提升有氧速度耐力与无氧耐力。

方法：200米+100米+60米+100米+150米变速跑，每段距离可根据学员练习需求进行快跑、慢跑或者冲刺跑，每次开始练习心率为120次/分。

训练强度：最大摄氧量70%~90%。

训练次数：每组3~4次，每次2~3组。

训练间歇：每组间隔5~8分钟，每次间歇2~3分钟。

三、注意事项

（一）保护与帮助

（1）学员开始进行匀速跑练习前，要进行慢跑热身和准备活动，根据自身的柔韧性进行适当的拉伸运动，拉长肌微丝之间的相对长度，提高肌肉组织的弹性，减少剧烈运动使肌肉撕裂的可能性。运动后要做好调整放松，有助于肌体机能的恢复，提升耐力。

（2）反复进行变速跑练习，能增强人体运动负荷能力，提高运动速度；但过度地进行高强度的练习，会使人体产生大量乳酸，导致人体肌肉神经兴奋性下降，使得运动肌肉疲劳无力。教练员要根据学员身体素质情况合理安排训练量和训练强度。

（3）训练时应穿适合的季节性运动服装，所穿鞋袜应柔软合脚，避免受伤。

（4）注意加强营养，注意休息，不要过度劳累，跑的距离和速度要适当，循序渐进，由小到大，逐渐增加，不要急于求成，以免产生不良的反应。

（二）常见错误与纠正方法

表 5-1-1　常见错误与纠正方法

跑步过程	常见错误	纠正方法
起跑	起跑的第一反应同起跑后加速跑的衔接不紧，头和上体抬起过早	①明确"预备"时，重心要稍前移，注意力主要集中于后脚 ②明确"跑"的第一反应是两腿"后摆前蹬"，同时两臂"推摆"配合，后腿前摆不宜过高，着地点不要过远 ③练习时，在起跑线前上方合适的距离，设置标志物（绳、杆等），限制学员头和上体抬起的时机 ④反复进行起跑接加速跑30~40米的练习
途中跑	后蹬不充分，上体后仰，坐着跑	①通过示范、讲解，使学员明确后蹬动作、过程的合理用力方式，建立正确的后蹬技术概念 ②通过短距离跑的专门性练习（高抬腿跑、后蹬跑等），让学员加深体会蹬伸膝、踝关节的动作技术 ③反复做放松大步40~60米中速跑练习。要求重心要高，前摆和后蹬幅度要大 ④指导学员合作练习，学员两人一组，一人做原地后蹬练习，体会后蹬用力顺序、动作，另一人双手抵其肩阻抗相助 ⑤学员两人一组，一人腰系橡皮带做后蹬跑练习，另一人用适宜力量牵拉橡皮带配合练习

跑步过程	常见错误	纠正方法
途中跑	前摆大腿抬不起来,向前甩小腿	①通过示范、讲解,使学员明确大腿前摆的合理姿势 ②反复做快速跑的专门性练习（原地和行进间或支撑下高抬腿跑、后蹬跑、车轮跑等）,让学员体会跑的时候,大腿以膝领先,积极地向前上方摆动的身体感觉 ③通过上坡跑、跑台阶的练习,加强大腿前摆的练习 ④中等速度跑 40~60 米,改进蹬摆技术
	摆臂紧张,方式不合理	①通过讲解、示范、原地摆臂练习等形式,规范学员的摆臂动作;要求学员要沉肩,且肩部放松,两臂自然屈肘,以肩为轴前后摆动 ②中速跑 40~60 米,要求学员摆臂的姿势正确
	踝关节紧张,脚搓着地跑	①通过讲解、示范和学员模仿练习等,建立正确的脚着地部位和方式等概念,体会踝关节的放松和脚后扒式着地 ②做跑的专门练习（小步跑、高抬腿跑等）,加强练习 ③做速度稍慢一点 60~80 米跑的练习,进一步体会跑进的过程中,脚着地的方式和踝关节的放松
终点跑	上体后仰,明显减速	①进一步明确跑"过"终点的实际意义;跑过终点线后,才能逐渐、自然地减速 ②结合全程跑练习,反复重点进行终点跑的练习;明确跑的后程,由于体力等原因,后蹬力量不充分,易出现大腿前摆过高、头和上体后仰的现象,这时要有意识地加强摆臂和加大上体前倾的幅度 ③在终点线后合适的距离,设置"第二终点线",并要求学跑过第二终点线

四、考核要求

（一）条件保障

标准田径场或平整的场地、秒表、哨子、运动手环（测心率）、号码布等。

（二）基本规则

（1）从"起跑"信号发出至学员按要求完成规定跑距所用的时间为其考核成绩,成绩精确到秒。

（2）学员在发出"起跑"信号后起跑,违者为抢跑犯规。抢跑犯规应当即召回,并重新组织起跑。

（3）跑出本道或用其他方式干扰、阻碍他人者取消当次成绩,重新测试。

（4）学员必须在胸前佩戴号码布或穿号码衣。

（5）计时员在发出"起跑"信号的同时开表,当受考者到达终点停表,登记成绩。

第二节 无氧耐力训练

目的：发展无氧耐力素质。

要求：掌握间歇跑的基本内容和练习方法。

场地器材：标准田径场或平整的场地、起跑器、秒表、运动服或体能训练服、运动鞋。

课目 间歇跑

一、动作过程

（一）上体姿势

上体正直或稍向前倾，头部自然，双眼平视前方，面部和颈部肌肉放松。

（二）腿部动作

步频和步长基本不变，保持匀速。

（三）后蹬与前摆

在一个跑的周期中，当身体重心移过支撑点后，开始后蹬与前摆的动作。当摆动腿通过身体垂直部位向前摆动时，支撑腿的各个关节要迅速蹬伸，首先伸展髋关节，再迅速有力地伸展膝关节和踝关节。后蹬结束时，腿几乎伸直。蹬伸的时间应短促，这样才能在蹬伸后及时向前摆腿。

（四）腾空

后蹬腿蹬离地面后，身体进入腾空时期。当后蹬腿的大腿开始向前摆动时，小腿顺惯性自然摆起，膝关节弯曲，形成大小腿折叠的姿势。

脚的着地与缓冲：当摆动腿的大腿开始下落时膝关节随之自然伸直，并用前脚掌着地。

摆臂动作：中长跑时，两臂稍微离开躯干，肘关节自然弯曲，以肩为轴前后自然摆动，摆幅要适当。

二、训练方法

（一）固定间歇时间跑

目的：提升无氧耐力素质。

方法：（1）等距、离等时间间歇训练法。例如：300 米×5 次，每次间歇 3 分钟。

（2）递增距离、等间歇时间训练法。例如：100 米+200 米+300 米，每次间歇 2 分钟。

（3）递减距离、等间歇时间训练法。例如：1000 米+800 米+600 米+400 米+200 米，每次间歇时间 3 分钟。

训练强度：最大摄氧量 80%～90%，心率达到 180～190 次/分。

训练次数：一次练习的持续时间和距离稍长，练习次数不宜过多。

训练周期：每周一次。

（二）逐渐缩减间歇时间跑

目的：提升无氧耐力素质。

方法：等距离、递减间歇时间训练法。例如：300 米+间歇 3 分钟+300 米+间歇 2 分钟+300 米+间歇 1 分钟+300 米。

训练强度：最大摄氧量 80%～90%，心率达到 180～190 次/分。

训练次数：一次练习的持续时间和距离稍长，练习次数不宜过多。

训练周期：每周一次。

（三）短距离间歇跑

目的：提升无氧耐力素质。

方法：采用 30～60 米距离，间歇时间 1 分钟左右。

训练强度：最大摄氧量 95%。

训练次数：较多的练习重复次数，组数根据练习者情况而定。

训练周期：每周一次。

（四）长距离间歇跑

目的：提升无氧耐力素质。

方法：可采用 100～150 米距离，间歇时间 2 分钟左右。

训练强度：最大摄氧量 95%。

训练次数：较多的练习重复次数，组数根据练习者情况而定。

训练周期：每周一次。

三、注意事项

（一）保护与帮助

（1）学员开始进行匀速跑练习前，要进行慢跑热身和准备活动，根据自身的柔韧进行适当的拉伸运动，可以拉长肌微丝之间的相对长度，提高肌肉组织的弹性，减少剧烈运动使肌肉撕裂的可能性。运动后要做好调整放松，有助于肌体机能的恢复，提升耐力。

（2）间歇跑速度快，强度高，身体负担大，受伤风险高，建议每周训练一次，高级跑者最多两次。

（3）跑前要保证体内能量充足，绝对不能空腹训练。

（二）易犯错误

（1）跑步过程中，当速度达到一定程度时，会产生"速度障碍"现象，即速度出现停滞、难以提高的现象。

（2）呼吸方法不正确，不适应间歇性训练，体力恢复慢。

（三）纠正方法

（1）刚开始训练时，应全面提升身体素质，打好基础，不可操之过急。

（2）训练中可多采用一些发展速度力量的练习手段，培养快速用力能力。

（3）间歇跑训练强度高，负荷量大，调整呼吸节奏，逐步适应间歇跑训练。

（四）技术要点

（1）间歇跑训练时，注意身体姿态，保持平衡，身体重心起伏要小。

（2）上下肢体动作配合协调，上肢摆动有力，下肢蹬摆结合、以摆促蹬。

（3）不同间歇训练方法的距离和速度不同，注意调整呼吸节奏。

四、考核要求

（一）条件保障

标准田径场或平整的场地、秒表、哨子、运动手环（测心率）、号码布等。

（二）基本规则

（1）从"起跑"信号发出至学员按要求完成规定跑距所用的时间为其考核成绩，成绩精确到秒。

（2）学员在发出"起跑"信号后起跑，违者为抢跑犯规。抢跑犯规应当即召回，并重新组织起跑。

（3）跑出本道或用其他方式干扰、阻碍他人者取消当次成绩，重新测试。

（4）学员必须在胸前佩戴号码布或穿号码衣。

（5）计时员在发出"起跑"信号的同时开表，当受考者到达终点停表，登记成绩。

第三节　速度耐力训练

目的：增强学员速度耐力，提升快跑耐力。

要求：掌握 400 米跑的训练方法和动作要领。

场地器材：标准田径场或平整的场地、起跑器、秒表、运动服或体能训练服、运动鞋。

课目　400 米跑

一、动作过程

（一）蹲踞式起跑

屈体，两手撑地，有力腿在前，前脚距起跑线一脚至一脚半。后脚距前脚一脚至一脚半，两个脚中轴线间隔约 15 厘米（约一拳半），后腿跪地；前抵足板与地面大约成 45 度角，后抵足板与地面成大约 65 度角。两手收回紧靠起跑线后沿并掌于地面，两手拇指相对，其余四指并拢或稍分开与拇指成"八字形"，虎口向前做弹性支撑。两手距离比肩稍宽，两臂伸直，肩微移超过起跑线；头与躯干保持在一条直线上，颈部自然放松，两眼视前方半米处，身体质量均衡地落在两手、前脚和后膝关节之间。听到"预备"口令后，运动员可深吸一口气，然后抬起臀部，身体重心同时前移，形成臀部高于肩、肩超过起跑线的身体姿势。此时体重主要由两臂和前脚支撑。前腿大小腿夹角约为 90 度，后腿大小腿夹角约为 120 度。两脚脚掌紧贴起跑器抵足板，全神贯注，静听枪声或口令准备起跑。听到枪声或"跑"的口令后，两手迅速推离地面，两臂屈肘做有力的前后摆动，同时两腿迅速蹬起跑器。后腿蹬离起跑器后，以膝领先向前摆出，而前腿要快速有力地蹬伸髋、膝、踝三大关节，把身体向前上方有力地送出。此时，前腿的后蹬角度为 42~45 度，上体前倾与地面成 15~20 度角，接着迅速发力冲出。

（二）弯道起跑和起跑后的加速跑

起跑时，学员左手支撑点距起跑线为 5~10 厘米，以便使身体能够正对弯道内侧分道线切点。弯道起跑后前几步应沿着内侧分道线的切点方向跑进。因为加速距离较短，所以加速跑时上身抬起时间较 100 米跑要早。

（三）弯道跑技术

弯道跑时，身体应有意向内倾斜。右腿前脚掌内侧用力，左脚前脚掌外侧用力。大腿前摆时，右腿的膝关节稍向内，左腿的膝关节稍向外，同时，右腿的摆动幅度应比左腿稍大。摆臂时，右臂前摆稍向左前方，后摆肘关节稍向外，左臂摆动时稍离躯干。

（四）途中跑

途中跑的周期由支撑阶段和腾空阶段组成。支撑腿的有力后蹬，为身体重心快速腾起和摆动腿的充分摆动创造有利的条件。同时摆动腿的快速摆动又能给予后蹬动作以积极的影响。前进时，上体保持正直，或稍前倾，两臂作前后摆动，配合腿部动作，保持跑动中的平衡。

（五）终点冲刺跑

用尽全部力量，加强后蹬力，加快摆腿与摆臂的速度。在终点线前，上体迅速前倾以胸部或肩部撞线，并顺势跑过终点。

二、训练方法

（一）跑的技术和能力训练

目的：提高跑的技术和能力。

训练距离：200~300 米。

训练强度：最大摄氧量的 60%~100%。

训练次数：3~5 次。

训练间歇：1~2 分钟。

（二）专项速度耐力训练

目的：提高专项速度耐力。

训练距离：300~600 米。

训练强度：最大摄氧量的 75%~90%。

训练次数：3~5 次。

训练间歇：2~3 分钟。

三、注意事项

（一）保护与帮助

学员开始进行匀速跑练习前，要进行慢跑热身和准备活动，根据自身的柔韧进行适当的拉伸运动，可以拉长肌微丝之间的相对长度，提高肌肉组织的弹性，减少剧烈运动使肌肉撕裂的可能性。运动后要做好调整放松，有助于肌体机能的恢复，提升耐力。

（二）易犯错误

（1）跑步时后蹬无力，形成"坐式"跑。

（2）途中跑时上身左右摇晃。

（三）纠正方法

（1）跑动时注意摆动大腿带动髋部向前送胯，并加强后蹬力量；训练时增加后蹬跑、上坡跑的练习；同时加强腰、腿部力量练习。

（2）跑动时保持上体正直，身体重心平稳；注意后蹬和前摆的方向，避免出现"八字脚"现象。

（四）技术要点

注意跑的动作自然放松，保持身体重心平稳，上身摆动时避免双肩向前送。

四、考核要求

（一）条件保障

标准田径场或平整的场地、秒表、哨子、手旗（发令枪、弹）、号码布（尺寸约0.25米×0.20米）、记录台。着装各单位自行统一。

（二）基本规则

（1）从"起跑"信号发出至学员按要求完成规定跑距所用的时间为其考核成绩，成绩精确到秒。

（2）学员在发出"起跑"信号后起跑，违者为抢跑犯规。抢跑犯规应当即召回，并重新组织起跑。

（3）跑出本道或用其他方式干扰、阻碍他人者取消当次成绩，重新测试。

（4）学员必须在胸前佩戴号码布或穿号码衣。

（5）计时员在发出"起跑"信号的同时开表，当学员到达终点停表，登记成绩。

思考题

1. 变速跑的训练方法有哪些？
2. 加速时应注意哪些方面？
3. 变速跑训练时如何进行自我保护？
4. 间歇跑训练的方法有哪些？
5. 在跑动与间歇过程中如何调整呼吸节奏？
6. 间歇期间如何尽快恢复体力？
7. 弯道跑的技术要领是什么？
8. 为什么弯道跑时身体要向弯道的圆心倾斜？
9. 跑动时如何保持重心稳定？

第六章 灵敏训练

第一节 一般灵敏训练

课目一 "之"字形移动计时

目的：发展急停变向移动能力。

要求：掌握急停转向技巧，要求全程计时，时间越短越好。

一、场地器材

平整的场地、标志物、训练服、运动鞋。

二、动作过程

"之"字形移动路线图见图6-1-1。

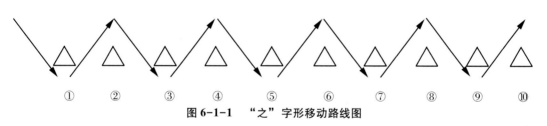

①   ②   ③   ④   ⑤   ⑥   ⑦   ⑧   ⑨   ⑩

图6-1-1 "之"字形移动路线图

地面上放置10个锥体障碍物，每个障碍物间隔1米。练习时从起点起跑至锥体①后，快速转身至锥体②，再转身跑至锥体③、锥体④……锥体⑩（终点）。

三、训练方法

（一）20米左右移动计时

目的：发展变向移动及转向能力。

方法：学员先向前冲刺10米后，右转用手触摸5米外右侧白线，迅速左转10米用手触摸左侧白线，再右转触摸中间白线，然后冲刺回起点（图6-1-2）。

训练强度：最大强度，力竭为止。

训练次数/组数：每周2~3次，每次5~6组。

训练间歇：当学员心率恢复到120~140次/分钟时开始下一组训练。

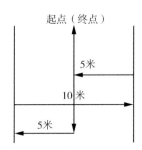

图 6-1-2　20 米左右移动跑路线图

（二）"T"形变向移动计时

目的：发展变向移动及转向能力。

方法：学员先向前冲刺 10 米后，右转绕过 5 米外的障碍物后，迅速左转 10 米绕过左侧障碍物，再左转绕过 5 米外障碍物后，然后冲刺回起点（图 6-1-3）。

训练强度：最大强度，力竭为止。

训练次数/组数：每周 2~3 次，每次 5~6 组。

训练间歇：当学员心率恢复到 120~140 次/分钟时开始下一组训练。

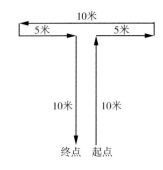

图 6-1-3　"T"形变向移动跑路线图

（三）"Z"形多重变向移动计时

目的：发展急停变向移动能力。

方法：学员从起点起跑至锥体①后，转身对角冲刺至锥体②，后折身冲刺至锥体③，再冲刺至锥体④（终点）。见图 6-1-4。

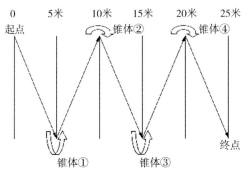

图 6-1-4　"Z"形多重变向移动跑路线图

训练强度：最大强度，力竭为止。

训练次数/组数：每周 2~3 次，每次 5~6 组。

训练间歇：当学员心率恢复到 120~140 次/分钟时开始下一组训练。

四、注意事项

（一）保护与帮助

做此练习前应先进行准备活动，防止运动过程中突然的变向造成运动损伤。

（二）易犯错误

转身时重心在后，不能及时起动。

（三）纠正方法

身体的重心在即将转向时随着转向落在前腿上，即转换方向时重心也随着变向，预防后仰"刹车"而造成不能及时起动，速度减慢。

（四）技术要点

跑至每一个锥体障碍物转身时，跑步方向的同侧腿快速制动并转向另一个折返点。

五、考核要求

（一）条件保障

平整的地面、秒表、计数器、记录台、考核员、号码布等。

（二）基本规则

（1）动作标准：正确的转身技术。

（2）完成后，成绩记录单位为"秒"。

课目二　复合跑跳计时

目的：发展快速跳跃后不同身体姿态时速度转换能力及快速转身能力。

要求：掌握复合跑跳技术方法。

一、场地器材

6个足球训练用的障碍架、3个训练用立柱、平整的场地、训练服、运动鞋。

二、动作过程

学员从起点侧向快速跳过6个足球障碍架后，冲刺至立柱①，逆时针绕过立柱后冲刺至立柱②，再逆时针绕过立柱②后冲刺至立柱③（终点）；侧向跳过6个足球障碍架时要求每一次跳跃在障碍架之间，否则属犯规，不计成绩（图6-1-5）。

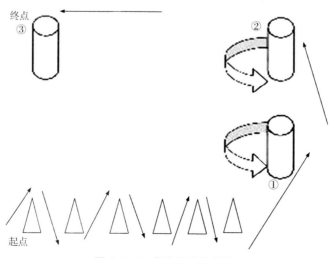

图 6-1-5　复合跑跳路线图

三、训练方法

(一) 原地左右交叉跳

目的：发展侧向移动跳跃能力及髋关节的柔韧性。

方法：双腿开立，听口令后左腿迅速向右跳跃，左腿落地后右腿快速向左侧跳跃。练习过程中强调髋关节快速扭动及两腿在体前快速交叉跳跃的能力，髋关节在积极左右扭动时，身体及肩轴要求一直保持向前状（图6-1-6）。

训练强度：最大强度，力竭为止。

训练次数/组数：每周 2～3 次，每次 5～6 组。

训练间歇：当心率恢复到 120～140 次/分钟时开始下一组训练。

图 6-1-6　原地左右交叉跳示意图

(二) 跳跃沙包转体落地

目的：发展围绕矢状轴进行快速转体的能力。

方法：如图 6-1-7 所示，学员站在大沙包前，跳过沙包①，在跳跃起身时完成 180 度转体落地，落地时面对的方向与开始跳沙包时的方向相反；当跳过沙包①落地时，马上背向跳过沙包②，并在空中完成转体 180 度面向前方落地。要求完成 5 个沙包的跳跃练习。

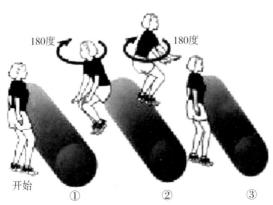

图 6-1-7　跳跃沙包转体落地示意图

训练强度：最大强度，力竭为止。

训练次数/组数：每周 3~5 次，每次 5~6 组。

训练间歇：当学员心率恢复到 120~140 次/分钟时，即开始下一组训练。

(三) "丁"字形混合移动计时

目的：发展变向移动及转向能力。

方法：如图 6-1-8 所示，从起点起跑至第一个圆圈后，快速围绕圆圈做逆时针绕圈，结束后冲刺至第二个圆圈做顺时针绕圈，然后冲刺至障碍物左（右）转至终点。要求全程计时，移动时间越短越好。

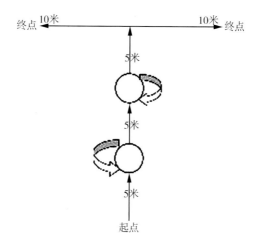

图 6-1-8　"丁"字形混合移动示意图

训练强度：最大强度，力竭为止。

训练次数/组数：每周 3~5 次，每次 5~6 组。

训练间歇：当学员心率恢复到 120~140 次/分钟时开始下一组训练。

四、注意事项

（一）保护与帮助

做此练习前应先进行准备活动，防止运动过程中连续起跳及瞬间加速造成运动损伤。

（二）易犯错误

连续起跳过程中，由于身体前倾或后仰或距离判断不准确，致使身体失去平衡协调而不得不中断练习。

（三）纠正方法

在练习跳跃时，注意身体协调用力，可在器材旁的空地先进行无实物练习，使动作顺畅。

（四）技术要点

（1）在跳起的同时，要求身体仍然保持直立，不能出现前屈或后仰动作。

（2）向上跳起时踝膝关节充分伸展，双臂协助用力，身体协调放松，目视前方。

（3）落地后在最短的时间内完成第二次起跳动作，注意连续起跳的连贯性，保持平衡的身体姿势。

（4）最后一跳落地前要做好起跑准备，在落地的瞬间用力向前冲刺。

五、考核要求

（一）条件保障

平整的地面、秒表、计数器、记录台、考核员、号码布等。

（二）基本规则

（1）动作标准：动作连贯，正确的落地冲刺及转体技术。

（2）完成后，成绩记录单位为"秒"。

课目三 30 米×2 往返跑

目的：发展速度与灵敏素质，提高快速移动及转向能力。

要求：了解 30 米×2 往返跑的训练方法；掌握正确的动作要领。

一、场地器材

在标准的田径场地上，画两条间隔 30 米的平行线作为起终点线和折返线；在两条间隔 2.5 米的跑道分道线上直线相距 5 米处，设置 1 根立杆，共设 7 根，立杆高度不低于 1.8 米；秒表；学员着训练服与运动鞋。见图 6-1-9。

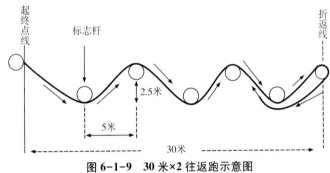

图 6-1-9　30 米×2 往返跑示意图

二、动作过程

（一）准备姿势

双脚站立在第一标志杆左侧的起点线后，听到"预备"信号后做好站立式起跑动作。

（二）动作练习

听到教员"起跑"信号后跑向第二标志杆，并从外侧绕过标志杆，依次绕杆至最后一根标志杆折返，按原路返回至起终点线。

三、训练方法

（一）站立起跑和起跑后加速跑练习

目的：发展站立式起跑瞬间加速能力。

方法：站立式起跑姿势，主要体会迈第一步技术和摆臂技术。进行听信号站立式起跑加速 20~30 米。

训练强度：最大摄氧量的 70%。

训练次数/组数：每周 5~7 次，每次 7~8 组。

训练间歇：当学员心率恢复到 120~140 次/分钟时开始下一组训练。

（二）快速跳跃练习

目的：提高踝关节稳定性与腿部力量。

方法：蛙跳动作，不要求步幅，要求动作之间快速连贯协调，每组 15 次。

训练强度：最大摄氧量的 70%。

训练次数/组数：每周 5~7 次，每次 7~8 组。

训练间歇：当学员心率恢复到 120~140 次/分钟时开始下一组训练。

（三）加速变向跑练习

目的：发展学员灵活变向能力。

方法：在跑道上自由冲刺 10 米左右后随意变换方向再加速，每组自由变换 5 次方向。

训练强度：最大摄氧量的 70%。

训练次数/组数：每周 5~7 次，每次 7~8 组。

训练间歇：当学员心率恢复到 120~140 次/分钟时开始下一组训练。

（四）短距离间歇跑练习

目的：发展学员瞬间加速能力。

方法：跑的距离为 40 米、60 米、80 米，中间间歇 90 秒。

训练强度：控制在最大摄氧量的 95%、90%、85%。

训练次数/组数：每周 5~7 次，每次 7~8 组。

训练间歇：当学员心率恢复到 120~140 次/分钟时开始下一组训练。

四、注意事项

（一）保护与帮助

做此练习前应先进行准备活动，防止运动过程中瞬间加速造成运动损伤。

（二）易犯错误

（1）漏绕标志杆。

（2）将标志杆撞倒。

（三）纠正方法

（1）练习前明确好跑动路线。

（2）加强各类变向跑练习，提高急停转身的能力。

（四）技术要点

过杆时可将身体稍稍偏向杆，外侧脚用力制动。

五、考核要求

（一）条件保障

平整的地面、标志杆、秒表、记录台、考核员、号码布等。

（二）基本规则

（1）动作标准：学员无抢跑、漏掉标志杆或撞倒标志杆等现象。

（2）完成后，成绩记录单位为"秒"。

课目四　5 米三向折返跑

目的：发展变向移动及转向能力。

要求：掌握 5 米三向技术动作及练习方法。

一、场地器材

场地为一直角的两边和中间角平分线各长 5 米、宽 5 厘米的三向跑道线（地面为水泥地）；起终点均设在直角顶点处，在起、终点三向跑道的顶端各画一条长 40 厘米、宽 5 厘米的标志线。学员着训练服与运动鞋。见图 6-1-10。

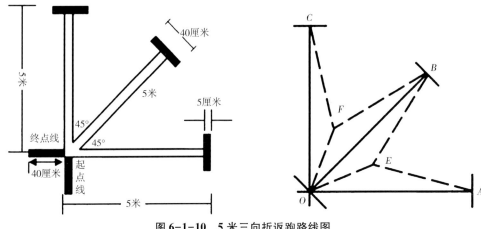

图 6-1-10　5 米三向折返跑路线图

二、动作过程

（一）"四三三步"

如图 6-1-10 所示，右线段 OA 用 4 步跑完，其他线段都用 3 步跑完。具体跑法是采用左脚在前、右脚在后的站立姿势起跑。右线段去时，右—左—［右］—左，右脚是中枢脚。中间线段和左线段跑法都是左—［右］—左。4 步跑至 A 点顺时针转体顺势用右手碰倒标志物。为了使 E、F 点的转体为顺时针方向左脚踏标志点，那么 A、B、C 点转体必须为顺时针方向转动，只有这样才能保持好整个动作的连续性，达到最好效果。此法适合身材高大、步幅较大、腿部力量强的学员，能弥补频率偏低的不足。

（二）"四四四步"

如图 6-1-10 所示，每一跑段都是用 4 步跑完。具体跑法是采用右脚在前、左脚在后的站立姿势起跑。三线段去时都是：左—右—［左］—右，左脚作中枢脚。返回时，三线段都是右—左—［右］—左，右脚作中枢脚。4 步跑至 A 点逆时针转体顺势用右手碰倒标志物至 AE 方向。三线段跑进时，中枢脚制动落地时，落在线的右边，返回时落在线的左边，接近与返回线段垂直，这样停制动时的中枢脚，便于制动稳、交叉步的快起动。落地触标志线的脚，用前脚掌的内侧着地。此法适合身材较矮、步幅较小、步频较快的学员，能弥补步幅较小的不足。

（三）"五四四步"

如图 6-1-10 所示，右线段 OA 用 5 步跑完，其他线段都用 4 步跑完。具体跑法是采用左脚在前、右脚在后的站立姿势起跑。右线段去时，右—左—右—［左］—右，左脚作中枢脚。5 步跑至 A 点逆时针转体顺势用右手碰倒标志物至 AE 方向。返回时，右—左—［右］—左，右脚作中枢脚。中间线段和左线段跑进时，左—右—［左］—右，左脚作中枢脚；返回时右—左—［右］—左，右脚作中枢脚。此法适合身材矮小、步幅较小、步频较快的学员，大多数女学员运用此法。

三、训练方法

（一）40 米梯形折返计时

目的：发展变向移动灵活性。

方法：练习者先向前冲刺，手触摸 5 米外白线后，迅速回转至起点手触白线；再冲刺手触 10 米外白线，迅速折返至起点手触白线；最后冲刺手触 5 米外白线后折返冲刺至终点。见图 6-1-11。

训练强度：最大强度，力竭为止。

训练次数/组数：每周 2~3 次，每次 5~6 组。

训练间歇：当学员心率恢复到 120~140 次/分钟时开始下一组训练。

（二）15 米三只角变向移动计时

目的：发展变向移动灵活性。

方法：从起点起跑至锥体（1）后，快速围绕锥体做顺时针绕圈跑，结束后冲刺至锥体（2）做逆时针绕圈跑，然后冲刺至终点。见图 6-1-12。

训练强度：最大强度，力竭为止。

训练次数/组数：每周 4~6 次，每次 5~6 组。

训练间歇：当学员心率恢复到 120~140 次/分钟时开始下一组训练。

（三）9 米×9 米变向移动计时

目的：发展快速变向运动能力、肌肉转换控制力和脚步灵敏性。

方法：在一个 9 米×9 米正方形的地面上，放置 8 个锥形障碍物，每个障碍物间隔 3 米，在中心放置一个固定训练圆盘。练习时从起点锥体（1）起跑后，快速冲刺，手触摸中心圆盘，然后转身冲刺至锥体（2），再转身手触中心圆盘至锥体（3）、圆盘、锥体（4）……当最后触摸到锥体（8）再手触圆盘后，以尽可能快的速度冲刺至锥体（1）。练习中强调降低身体重心，当触摸锥体或圆盘转身时，要求以冲刺方向的同侧腿快速制动并转向另一个障碍物。见图 6-1-13。

训练强度：最大强度，力竭为止。

训练次数/组数：每周 4~6 次，每次 5~6 组。

训练间歇：当学员心率恢复到 120~140 次/分钟时开始下一组训练。

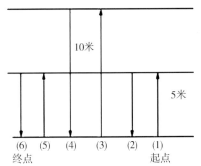

图 6-1-11　40 米梯形折返跑路线图

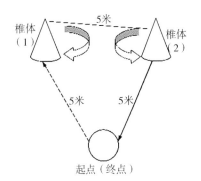

图 6-1-12　15 米三只角变向移动路线图

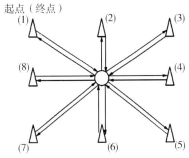
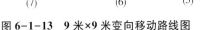

图 6-1-13　9 米×9 米变向移动路线图

四、注意事项

（一）保护与帮助

做此练习前应先进行准备活动防止运动过程中连续起跳及瞬间加速造成运动损伤。

（二）易犯错误

（1）跑进路线为弧线。

（2）节奏不明显。

（3）踩点打滑。

（4）习惯性不到点（有一个或者多个固定点总到不了）。

（5）跑进时前脚掌着地。

（三）纠正方法

（1）在平时的训练中，用不同的颜色标出应跑进的路线，学员训练沿此路线跑进。

（2）在平时的训练中，牢记口诀并时刻提醒自己，口诀四步为1234，三步为1大23快。

（3）踩点练习预转体以及转体后的重心支撑，在重心的支撑上从侧面可看见最后的支撑方法为膝关节超过脚尖的重心支撑方式。

（4）把最后一步支撑时的点标出，跑进时各步长反复定型，到点问题则可很好地解决。

（5）换成滚动式着地方式。前脚掌着地的弊端为支撑不稳定、重心高、身体易晃动、步幅小等，换成滚动式着地方式后，这些问题都可得到很好的解决。

（四）技术要点

（1）起跑技术。双脚站在起点处，身体站稳后，重心逐渐向前移动，同时后脚伸向感应区，在脚接触感应区的瞬间，后腿蹬地发力，开始起动，这样既可以避免失误，还可以减少起动所需的时间。

（2）途中跑技术。途中跑技术又可分为启动技术和转身技术。全程要在各折返点完成急停、快起以及转身动作，转身技术是该项目的一个重点，转身踩点是本项目的技术难点。技术动作的完成质量，直接影响考生的测试成绩。为了获得较大的启动速度，尽快地摆脱静止状态，可采用低重心启动方法，身体倾斜加速跑。折回跑时，可采用先转身后放脚的方式，或者边转身边放脚的方式，无论采用哪一种转身方式，都应该保持动作的自然结构，同时尽量缩短重心位移，用非触线脚作支撑脚，重心尽量后坐，落于支撑脚前，支撑脚一着地立即触线蹬地，连贯地完成整个转体触线动作。在即将到达各折回点，迈出最后一步做急停动作时，支撑脚的前脚掌做制动性着地，身体重心应尽可能地保留在支撑腿上。在保持较低身体重心跑进时，注意保持尽可能大的步幅，来增大重力矩，使股四头肌的工作负荷增加。为了准确踩线，不造成犯规，又不增加跑的距离，步幅和步频要稳定，形成动力定型，以确定步数，完成各跑段。

（3）步长决定节奏。学员在平时的训练中，应根据自己的特点，确定每步的步点和步长。首先应该确定最后一步支撑的步长，此步长应该最适合蹬地发力。在平时的训练中应在跑动的路线上做好标记，反复训练，形成动力定型。

（4）学员的重心的影响，主要表现在转体蹬地的动作上。在跑动及蹬转的过程中，如果出现重心的高低起伏，则会影响考生的速度，从而影响考试的成绩。在平时的训练中，应保持低重心跑进，并在整个过程中保持重心的平稳。

（5）转体是最关键的技术。通过观察研究得出，大部分学员跑动的时间和转体的时间基本接近，而转体时间短的学员则都能有不错的成绩。下面，就转体提出两个技术要点。第一为预转体技术。预转体的目的是让学员在最后的转体时能减小转动距离，增加转体的稳定性以及转体角度的准确性。具体方法：跑进时4步为第一步脚尖朝向为30度，第二步为75度，三、四步则完全转180度。第二为转体后重心的支撑问题。重心的支撑强调重心尽量落于支撑脚上，非支撑脚向后做蹬地动作，轻触地面后立即启动，此种重心的支撑方法可有效解决支撑打滑问题。

五、考核要求

（一）条件保障

平整的地面、秒表、记录台、考核员、号码布等。

（二）基本规则

（1）动作标准：转体迅速，落点准确，每次转体时脚均能触及标志线（点），行进过程中手不撑地。

（2）完成后，成绩记录单位为"秒"。

第二节 专项灵敏训练

课目一 梯级间交叉跳

目的：发展左右交叉跳跃的协调性及复杂状态下身体与运动的协同性和灵敏性。

要求：明确梯级间交叉跳的运动意义；掌握节奏与练习方法。

一、场地器材

灵敏梯、平整的场地、训练服、运动鞋。

二、动作过程

学员站在灵敏梯左侧面，先左脚与右脚交叉侧跳入方格①内，右脚立即跟上跳至灵敏梯另一边，然后左脚迅速与右脚交叉后迅速跳入右侧，然后右脚再次与左脚交叉跳至方格②内，完成第一次梯级间交叉跳练习。以此类推，完成后续 10 个梯级间交叉跳练习。见图 6-2-1。

① ② ③ ④

图 6-2-1 梯级间交叉跳示意图

三、训练方法

（一）跑方格

目的：发展速度、节奏感及步频。

方法：使用间隔 50 厘米的灵敏梯。学员高抬腿完成跑方格动作，跑的过程要求每一步都踩在相应的方格内。练习时要求重心高、频率快，着地时间越短越好。见图 6-2-2。

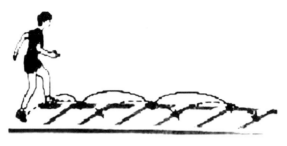

图 6-2-2　跑方格路线图

训练强度：最大强度，力竭为止。

训练次数/组数：每周 3~5 次，每次 5~6 组。

训练间歇：当学员心率恢复到 120~140 次/分钟时开始下一组训练。

（二）梯子侧向碎步移动

目的：发展侧向快速运动能力、变向运动能力和肌肉转换控制力，脚步练习。

方法：地面上放置一长 10 米、宽 50 厘米的灵敏梯，每级梯间隔 0.5 米。练习时面对终点方向，从起点迈入右腿后左腿立即跟上进入梯子，然后右腿再到梯子外后左腿碎步跟上，完成第一个右侧向移动。左侧用左腿碎步进入后右腿跟上完成练习时左侧向移动，以此类推完成后续练习。练习时要求全程用前脚掌着地，碎步快速侧向移动，移动时间越短越好。见图 6-2-3。

　①　　　　②　　　　③　　　　④　　　　⑤

图 6-2-3　梯子侧向碎步移动路线图

训练强度：最大强度，力竭为止。

训练次数/组数：每周 3~5 次，每次 5~6 组。

训练间歇：当学员心率恢复到 120~140 次/分钟时开始下一组训练。

（三）梯子间交叉碎步移动

目的：发展侧向快速运动能力、变向运动能力和肌肉转换控制力，脚步移动练习。

方法：练习时侧对灵敏梯，起点右腿从左腿后迈入侧旁梯子间时，左腿立即碎步跟上进入梯子另外一侧梯子间，然后右腿再交叉左腿到梯子侧旁梯间，完成第一个左侧向移动。以此类推完成后续练习。练习时要求全程前脚掌着地，碎步快速侧向移动，脚步富有弹性，着地时间越短越好。见图 6-2-4。

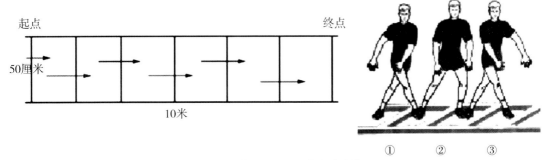

图 6-2-4 梯子间交叉碎步移动路线图

训练强度：最大强度，力竭为止。

训练次数/组数：每周 2~3 次，每次 5~6 组。

训练间歇：当学员心率恢复到 120~140 次/分钟时开始下一组训练。

四、注意事项

（一）保护与帮助

练习前做好准备活动，活动全身关节肌肉，避免出现运动损伤。

（二）易犯错误

快速行进中节奏错误。

（三）纠正方法

若因频率过快发生节奏混乱或是脚步错乱，可稍稍放缓速度，适应节奏。

（四）技术要点

脚步轻盈，富有弹性，动作协调。

五、考核要求

（一）条件保障

平整的地面、秒表、计数器、记录台、考核员、号码布等。

（二）基本规则

（1）动作标准：动作连贯，脚步轻盈。

（2）完成后，成绩记录单位为"秒"。

课目二 俯身追球

目的：发展身体快速由卧姿至立姿并完成快速冲刺的能力。

要求：掌握由卧姿快速至立姿并冲刺的动作技巧。

一、场地器材

平整的场地、小皮球、训练服、运动鞋。

二、动作过程

学员练习前俯身在地，准备听哨声；教员把一个小皮球向前上方2米处随意扔出的同时吹响哨子；学员听到哨声迅速做2次俯卧撑，然后迅速起身追逐小皮球，要求在小皮球第二次落地前抓住小皮球。见图6-2-5。

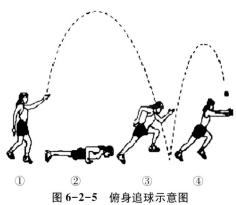

①   ②   ③   ④

图6-2-5　俯身追球示意图

三、训练方法

（一）俯姿快速站立

目的：发展身体在最短时间由卧姿调节至直立状态的能力，发展快速体位调节能力。

方法：学员练习前俯卧在地上，准备好听口令。当听到哨声时，学员以尽可能快的速度完成从卧姿到站立位。见图6-2-6。

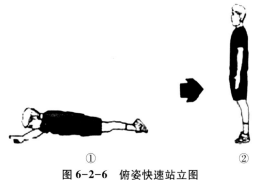

①   ②

图6-2-6　俯姿快速站立图

训练强度：最大摄氧量60%。

训练次数/组数：每周5~6次，每次20组。

训练间歇：10秒/组。

（二）俯身快速起身起跑

目的：发展俯身体位快速起身能力及身体敏捷性。

方法：学员俯身在地，双手及双膝着地。当听到哨声时，学员以尽可能快的速度完成从俯身到站立的过程。起身过程的顺序是：双手先用力推起，再用一条腿先站立，再到双腿站立。起身过程中除了推手一定要用力，腰腹肌也要积极用力。见图6-2-7。

图6-2-7 俯身快速起身起跑示意图

训练强度：最大摄氧量60%。

训练次数/组数：每周5~6次，每次20组。

训练间歇：10秒/组。

（三）追逐弹跳小皮球

目的：发展变向及反应能力。

方法：教员把一个小皮球向前上方2米处随意扔出，当小皮球落地后，学员开始追逐小皮球。要求学员在小皮球弹跳次数尽可能少的前提下抓住小皮球。见图6-2-8。

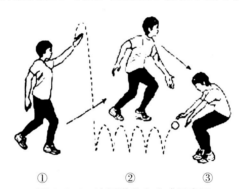

图6-2-8 追逐弹跳小皮球示意图

训练强度：最大摄氧量75%。

训练次数/组数：每周5~6次，每次6~8组。成功接到球5次为一组。

训练间歇：1分钟/组。

四、注意事项

（一）保护与帮助

练习前做好准备活动，拉伸全身关节肌肉，预防运动损伤。

（二）易犯错误

由卧姿至站立位起身时重心过高，难以迅速起动跑出。

（三）纠正方法

由卧姿至站立位起身的过程中，应当调整重心，注意重心前压，以便于迅速起动跑出。

（四）技术要点

（1）集中注意力，在起身时应观察球抛出的方向，起身后迅速蹬转至球抛出方向。

（2）在加速时保持身体自然一线，不要过早抬头向前看。

五、考核要求

（一）条件保障

平整的地面、计数器、记录台、考核员、号码布等。

（二）基本规则

（1）完成标准：俯撑时，头、躯干、臀以及腿呈一条直线；在身体下降至最低点时，上臂应与地面平行。球在第二次落地前被抓住。

（2）完成后，成绩记录单位为"次"。

课目三　一次跳接六角球

目的：发展反应能力、灵敏性，增强动作预判与完成动作的协调感，发展体能。

要求：掌握跳接六角球的运动技巧。

一、场地器材

六角球、平整的场地、训练服、运动鞋。

二、动作过程

学员 A 和 B 相隔 2 米相对站立，学员 B 手持 1 个六角球。练习开始，学员 B 把六角球掷在地上，学员 A 在六角球第 2 次落地前抓住球。随着训练水平的提高，不断增加两人的间隔距离，尽可能造成对方接球困难。由于六角球落地后的弹跳方向无法预判，要求在练习时全神贯注。见图 6-2-9。

A　　　　　　　　B

图 6-2-9　一次跳接六角球示意图

三、训练方法

（一）一次跳接球

目的：发展快速反应起动能力及灵敏性。

方法：学员 A 和 B 相隔 4 米相对站立，学员 A 手持 1 个六角球。练习开始，学员 A 在肩膀高度让六角球自由落下，学员 B 在六角球第二次落地前抓住球。随着训练水平的提高，不断增加两人的间隔距离，尽可能造成对方接球困难。见图 6-2-10。

图 6-2-10　一次跳接球示意图

训练强度：最大摄氧量 75%。

训练次数/组数：每周 5~6 次，每次 6~8 组。成功完成 3 次为一组。

训练间歇：30 秒/组。

（二）提高接球反应练习

目的：发展反应能力，提高反应速度与动作的协调性。

方法：学员 A 和 B 相隔 1 米相对站立，学员 B 手持 1 个六角球。练习开始，学员 B 持球手在任意甩动后向任意一个方向掷出六角球，学员 A 以最快速度抓住球。随着训练水平的提高，不断增加两人的间隔距离，可使用 2 个六角球进行训练，尽可能造成对方接球困难。见图 6-2-11。

图 6-2-11　接球反应练习示意图

训练强度：最大摄氧量 75%。

训练次数/组数：每周 5~6 次，每次 6~8 组。成功完成 3 次为一组。

训练间歇：30 秒/组。

四、注意事项

（一）保护与帮助

运动前慢跑热身，拉伸肌肉，防止运动过程中出现运动损伤。

（二）易犯错误

过度预判，被球虚晃失去重心。

（三）纠正方法

六角球落地后的弹跳方向无法预判，应全神贯注，根据球弹起后的准确方向追球。

（四）技术要点

全神贯注，保持肌肉紧张，重心偏向脚前掌以便快速启动。

五、考核要求

（一）条件保障

平整的场地、记录台、考核员、号码布等。

（二）基本规则

（1）完成标准：球在第二次落地前被抓住。

（2）完成后，成绩记录单位为"次"。

思考题

1. 简述灵敏与速度的关系。
2. 简述灵敏素质的分类。
3. 发展身体灵敏素质的方法有哪些？

第七章　柔韧训练

第一节　上肢柔韧训练

课目一　压肩

目的：增加肩关节的灵活性与柔韧性，为其他技术动作的完成打下基础。

要求：了解压肩的作用；掌握正确的压肩技术动作。

一、场地器材

场地：带有把杆的训练场地。

器材：把杆、迷彩服或者练习服、运动鞋等。

二、动作过程

（一）正压肩

直臂、沉腰、挺胸、屈体。固定手臂借助上身的身体重力拉伸肩关节韧带，注意节奏，幅度由小到大。在做此拉伸之前应充分活动肩关节（准备活动），以防止运动损伤（图7-1-1）。

（二）反压肩

手向后抓住栏杆，双臂与肩同宽，背挺直，抬头（动作一定要轻、缓，避免拉伤自己）。如果墙壁光滑没有可抓的地方，双手同时反面向上很困难的时候，可以先把双手在背后交叉，然后弯腰，把手抬高，再贴在墙上（图7-1-2）。

（三）侧压肩

一手大小臂肘部折叠，置于头后部位，另一手抓住折叠手的肘尖，用力侧拉（图7-1-3）。

图7-1-1　正压肩

图 7-1-2　反压肩　　　　　　　　　　　　图 7-1-3　侧压肩

三、训练方法

（一）双人压肩

目的：增强肩部的柔韧性与灵活性。

方法：（1）向下振压的幅度要逐渐增大，力量逐渐加强。

（2）压肩压到极致时，静止不动耗肩片刻。

（3）压肩与耗肩交替练习（图 7-1-4）。

次数/频率：每周 3~4 次，每次 4~6 组，每组次数不定。

训练间歇：每组间歇 30~50 秒。

图 7-1-4　双人压肩

（二）杆上压肩

目的：增强肩部的柔韧性与灵活性。

方法：（1）面对横木，两脚开立，两手放于横木上。

（2）上体前俯下振压肩，压点集中于肩部，压力由小到大（图7-1-5）。

次数/频率：每周3~4次，每次4~6组，每组次数不定。

训练间歇：每组间歇30~50秒。

图7-1-5　杆上压肩

（三）双人拉肩

目的：增强肩部的柔韧性与灵活性。

方法：（1）两人面对面坐立，一人身体下压，双手放于对方的大腿两侧。

（2）另外一人按住压腿人员的肩部，同时用力下压（图7-1-6）。

次数/频率：每周3~4次，每次4~6组，每组次数不定。

训练间歇：每组间歇30~50秒。

图7-1-6　双人拉肩

（四）手扶一定高度体前屈压肩

目的：增强肩部的柔韧性与灵活性。

方法：（1）双手搭到具有高度的物体上，调整好位置，双手打开与肩膀同宽，双脚同样与肩同宽，肩膀向下用力（图7-1-7）。

（2）腰部放松，肩膀放松。

（3）可以有人帮忙辅助练习（双手重叠在一起，按被压人的肩膀、胸腰、大腰部位，力量是由轻到重缓慢下压）。

次数/频率：每周3~4次，每次4~6组，每组次数不定。

训练间歇：每组间歇30~50秒。

（五）仰卧反压肩

目的：增强肩部的柔韧性与灵活性。

方法：坐在地上，两手放在臀后约30厘米的地方，手指向外，两腿前伸。吸气，臀部抬起，使躯干抬离地面，尽量打开胸部（图7-1-8）。

图7-1-7　手扶一定高度
体前屈压肩

次数/频率：每周 3~4 次，每次 4~6 组，每组次数不定。

持续时间：每天酌情练习。

四、注意事项

（一）保护与帮助
辅助人员站于压肩者的后面进行肩背下压的辅助性动作，并对压肩人员进行保护。

（二）易犯错误
（1）肩部紧张。

（2）手臂没有伸直。

（三）纠正方法
（1）深呼吸放松肩膀。

（2）积极进行心理暗示，并让其他人员进行纠正。

（四）技术要点
（1）练习时尽量注意沉肩、伸臂。

（2）压完肩后要抡抡臂，有疼痛感时应停止。

图 7-1-8　仰卧反压肩

五、考核要求

（一）条件保障
带有把杆的训练场地、迷彩服或者练习服、运动鞋等。

（二）基本规则
（1）完成标准：由站立姿势，双手伸直下压，进行振压与耗肩，直至起身为一次技术动作的完成。

（2）完成后，成绩记录单位为"次"。

课目二　肩部绕圈

目的：增加肩关节的灵活性与柔韧性，为其他技术动作的完成打下基础。

要求：了解肩部绕圈的作用；掌握正确的肩部绕圈技术动作。

一、场地器材

毛巾或者伸展带或者杆子、迷彩服或者练习服、运动鞋等。

二、动作过程

（1）身体保持笔直，不可前后摆动。

（2）两臂由前向后画圈或者由后向前画圈，手臂要尽量伸直。

（3）如果只是用空手来进行肩部绕圈的话，强迫性不高，所以建议使用毛巾或者伸展带或者杆子进行强迫拉伸练习（图 7-1-9）。

图 7-1-9　肩部绕圈

三、训练方法

（一）俯卧式开肩

目的：打开肩部前侧，增强肩部的柔韧性与灵活性。

方法：（1）跪立在垫面上，双脚打开与髋同宽。

（2）大腿垂直垫面，俯卧在垫面上。

（3）双手臂延展，前额点地。

（4）胸腔慢慢地打开向下（图7-1-10）。

次数/频率：每周3~4次，每次4~6组，每组次数不定。

训练间歇：每组间歇30~50秒。

图 7-1-10　俯卧式开肩

（二）十字交叉式开肩

目的：拉伸肩部的后侧以及上背部，增强肩部的柔韧性与灵活性。

方法：（1）俯卧在垫面上，双手交叉向对侧延展。

（2）前额平放在瑜伽砖上。

（3）双手臂延展，前额点砖。

（4）随着练习的深入可以慢慢地将手臂更多地延展（图7-1-11）。

次数/频率：每周3~4次，每次3~5组，每组次数不定。

训练间歇：每组间歇30~50秒。

图 7-1-11　十字交叉式开肩

（三）握杆绕肩

目的：拉伸肩部的后侧以及上背部，增强肩部的柔韧性与灵活性。

方法：（1）双手抓住杆子的两端。

（2）从身体的前侧向后或从后向前做环绕练习。

（3）如果觉得轻松，可以缩短双手抓杆子的距离（图7-1-12）。

图 7-1-12　握杆绕肩

次数/频率：每周 3~4 次，每次 3~5 组，每组次数不定。

训练间歇：每组间歇 30~50 秒。

四、注意事项

（一）保护与帮助

辅助人员站于一侧进行保护与帮助。

（二）易犯错误

肘部弯曲。

（三）纠正方法

先将两臂间的距离拉大进行绕肩，以保证肘部伸直，并进行进行积极的心理暗示，辅助人员予以纠正。

（四）技术要点

保证肘部伸直以及躯干直立。

五、考核要求

（一）条件保障

毛巾或伸展带或杆子、迷彩服或者练习服、运动鞋等。

（二）基本规则

（1）完成标准：持器械或者空手由前向后或者由后向前绕一圈为一个技术动作的完成。

（2）完成后，成绩记录单位为"次"。

课目三　双臂外展拉伸

目的：对肩部进行放松和训练，增加肩部的柔韧性与灵活性。

要求：了解双臂外展拉伸的作用，掌握正确的技术动作。

一、场地器材

毛巾或者绳子、迷彩服或者练习服、运动鞋等。

二、动作过程

（1）站立姿势，双手置于背后，手心向上，手指交叉，保持肘部伸直。

（2）抬头面向前慢慢向上抬高手臂，在拉伸时保持挺胸和身体直立。

（3）慢慢将手臂放下，置于两侧（图7-1-13）。

图7-1-13 双臂外展拉伸

三、训练方法

（一）仰卧被动开肩

目的：打开肩部前侧，增强肩部的柔韧性与灵活性。

方法：（1）仰卧在垫面上。

（2）将瑜伽砖放在胸椎的后侧以及头部的后侧。

（3）可以根据自己身体的具体情况选择和调整瑜伽砖的高度以及动作（图7-1-14）。

次数/频率：每周3~4次，每次3~5组，每组次数不定。

训练间歇：每组间歇30~50秒。

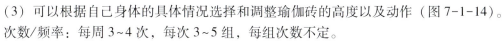

图7-1-14 仰卧被动开肩

（二）肩部的外旋/内旋

目的：打开肩部前侧/胸腔，增强肩部的柔韧性与灵活性。

方法：（1）双臂侧平举，弯曲双手。

（2）十指于背后相扣，左大臂尽可能贴住耳朵。

（3）如果双手不能触碰在一起，可使用辅助毛巾等，然后目视前方，挺直脊背（图7-1-15）。

次数/频率：每周3~4次，每次3~5组，每组次数不定。

训练间歇：每组间歇30~50秒。

图7-1-15 肩部的外旋/内旋图

（三）肩绕环

目的：打开肩部前侧，增强肩部的柔韧性与灵活性。

方法：（1）两腿并拢站立，两臂同时向前/向后画圆。

（2）两手间距在髋关节前正握一杆或毛巾（两掌向下）。

（3）吸气，两臂举至头上，保持两臂伸直、对称。

（4）举至肩关节上方时不要向侧弯曲，在臀后结束。

（5）吸气，然后反方向转动（图7-1-16）。

次数/频率：每周3~4次，每次3~5组，每组次数不定。

训练间歇：每组间歇30~50秒。

图7-1-16　肩绕环

四、注意事项

（一）保护与帮助

辅助人员站于拉伸者的旁边给予动作的纠正以及辅助和保护。

（二）易犯错误

（1）肩部在拉伸时身体前倾。

（2）肘部弯曲。

（三）纠正方法

（1）积极地进行心理暗示，辅助人员予以纠正。

（2）使用毛巾或绳子进行练习。

（四）技术要点

做拉伸动作时，一定要保持肩部向后并且避免身体前倾。

五、考核要求

（一）条件保障

毛巾或者绳子、迷彩服或者练习服、运动鞋等。

（二）基本规则

（1）完成标准：由站立姿势，抬头面向前慢慢向上抬高手臂，抬到最高处落下为一次技术动作的完成。

（2）完成后，成绩记录单位为"次"。

第二节　躯干柔韧训练

课目一　坐位体前屈

目的：提高躯干、腰、髋等部位关节、肌肉、韧带的柔韧性与伸展性，改善关节周围软组织的功能。

要求：了解坐位体前屈的作用，掌握坐位体前屈的正确技术动作。

一、场地器材

垫子，肋木，将标有刻度的直尺（长50～70厘米）垂直固定于测量台（或桌、凳）。直尺的0位与台面齐平，由此上下各标毫米及厘米刻度，向上标至20厘米，向下标至30厘米。迷彩服或者练习服、运动鞋等。

二、动作过程

（1）双脚并拢，与地面垂直，脚趾可以微微往里靠。

（2）双腿伸直，腰部弯曲。

（3）手臂尽量往前伸，同时手掌与地面保持平行（图7-2-1）。

三、训练方法

训练的时候一定要根据每个人的不同情况制定个人的训练方法。

（一）大腿前侧（股四头肌）训练

目的：伸展大腿的股四头肌，增加膝关节的柔韧度。

图7-2-1　坐位体前屈

方法：

（1）站立并背对板凳或稳定的支撑物，单脚屈膝并置于支撑物上，保持身体直立和抬头。

（2）慢慢弯屈支撑脚的膝关节，身体下放直到对侧大腿感到被伸展。

（3）支撑脚小腿用力将身体推起，恢复到起始姿势；重复伸展另一腿（图7-2-2）。

次数/频率：每周4～7次，每次3～5组，每组次数不定。

训练间歇：每组间歇40～70秒。

图 7-2-2　大腿前侧活动

（二）大腿后侧（股二头肌）训练

目的：此动作可以伸展大腿后侧所有的肌群，同时放松紧绷的肌肉，减轻下背部的压力。

方法：

（1）平躺于地面，伸直双腿。

（2）左膝弯屈并慢慢拉向胸口，直到肌肉有被伸展的感觉。

（3）保持后脑勺与地面接触，放松，然后恢复起始位置，换边进行（图7-2-3）。

图 7-2-3　大腿后侧活动

次数/频率：每周4~6次，每次3~5组，每组次数不定。

训练间歇：每组间歇40~60秒。

（三）小腿肌肉拉伸训练

目的：此动作可以伸展小腿后侧肌群，同时放松紧绷的肌肉。在跑步前，一定要做此伸展，避免小腿肌肉紧绷。

方法：

（1）取站姿于墙前约一大步的位置，手推墙壁，双脚站立与髋同宽。

（2）将左腿向前跨呈屈膝姿势，维持左膝盖在脚的正上方，勿歪向一边。

（3）感觉右小腿肌群被拉扯；换边进行左小腿的伸展（图7-2-4）。

次数/频率：每周4~6次，每次3~5组，每组次数不定。

训练间歇：每组间歇20~30秒。

（四）盘腿体前屈训练

目的：提高躯干、腰、髋等部位关节、肌肉和韧带的伸展性和柔韧性。

图 7-2-4　小腿肌肉拉伸

方法：

（1）盘腿体前屈，从坐姿开始，脚踝交叉，髋部展开。

（2）坐在坐骨中央，沿脊柱到头顶向上提拉。手臂举过头顶，从躯干开始向前折叠，直到双手放在地板上。

（3）脊柱形成一个微弯的曲线，充分伸展，在这个位置放松；交叉腿位置交换，重复一次前屈动作（图7-2-5）。

次数/频率：每周5~7次，每次3~5组，每组次数不定。

训练间歇：每组间歇20~30秒。

图7-2-5　盘腿体前屈

四、注意事项

（一）保护与帮助

辅助人员站于拉伸者的旁边给予帮助和保护。在做柔韧性练习之前一定要做准备活动，不要练得过快、幅度过大过猛。在冬季锻炼必须充分做好准备活动。锻炼前不热身则容易引起肌肉、韧带拉伤或扭伤。坐位体前屈训练需要循序渐进，从易到难，持之以恒。

（二）易犯错误

（1）由于柔韧性不足而导致膝关节弯曲。

（2）用头去触碰腿。

（三）纠正方法

（1）膝关节发力，避免屈膝。

（2）眼睛正视前方，用腰去触碰腿部。

（3）进行积极的正确动作心理暗示。

（四）技术要点

慢慢练，平坐在地上，伸直双腿，脚板绷直，然后弯曲腰部，双手放在头的两侧，尽力向前伸，慢慢用力，不要晃。

五、考核要求

（一）条件保障

垫子，肋木，将标有刻度的直尺（长50~70厘米）垂直固定于测量台（或桌、凳）。直尺的0位与台面齐平，由此上下各标毫米及厘米刻度，向上标至20厘米，向下标至30厘米。迷彩服或者练习服、运动鞋等。

（二）基本规则

（1）将仪器放置在平坦地面上。测试前，用尺进行校正，即将直尺放在平台上，使游标的上平面与平台呈水平线，将游标的刻度调到 0 位。

（2）测试前，受试者应在平地上做好准备活动，以防拉伤。

（3）受试者坐在连接于箱体的软垫上，两腿伸直，脚跟并拢，脚尖分开 10～15 厘米，踩在测量计垂直平板上，两手并拢。

（4）两臂和手伸直，渐渐使上体前屈，用两手中指尖轻轻推动标尺上的游标前滑（不得有突然前伸动作），直到不能继续前伸时为止。

（5）测试计的脚蹬纵板内沿平面为 0 点，向内为负值，向前为正值。记录以厘米为单位，取小数点后一位。为正值则在数值前加"+"，负值则加"－"。

课目二　立位体前屈

目的：提高躯干、腰、髋等部位关节、肌肉、韧带的柔韧性与伸展性，改善关节周围软组织的功能。

要求：了解立位体前屈的作用，掌握正确的立位体前屈技术动作。

一、场地器材

垫子，肋木，将标有刻度的直尺（长 50～70 厘米）垂直固定于测量台。直尺的 0 位与台面齐平，由此上下各标毫米及厘米刻度，向上标至 20 厘米，向下标至 30 厘米。迷彩服或者练习服、运动鞋等。

图 7-2-6　立位体前屈

二、动作过程

（1）保持直立，双脚并拢或双脚开立与肩同宽。

（2）吸气双手上举，把上身向上提拉。

（3）呼气双手下落，沉肩、收腹，手臂带动上身以髋为折点向前向下折叠到极限（图 7-2-6）。

（4）保持 3～5 次呼吸，每次呼吸时延伸脊柱。

（5）吸气，手臂带动上身起身。

三、训练方法

（一）跨栏坐

目的：提高躯干、腰、髋等部位关节、肌肉和韧带的伸展性和柔韧性。

方法：

（1）双腿尽量左右分开，坐在地面上成跨栏坐姿势。

（2）呼气转体，上体前倾贴在一条腿上。

（3）双手扶在身体前倾一侧腿的踝关节前部，保持 15～20 秒，重复 3～5 次，然后交换腿进行。

（4）两条腿应尽量左右分开（图 7-2-7）。

次数/频率：每周 5～7 次，每次 3～5 组，每组次数不定。

训练间歇：每组间歇 20～30 秒。

图 7-2-7　跨栏坐

（二）分腿体前屈

目的：提高躯干、腰、髋等部位关节、肌肉和韧带的伸展性和柔韧性。

方法：

（1）分腿体前屈，从坐姿开始，双腿伸直并打开呈"V"字形。

（2）膝盖骨向上，脚踝勾回，脚趾指向天花板；坐在坐骨中央，沿脊柱到头顶抬起向上提拉；将双手放在躯干前面的地板上。

（3）保持挺拔姿态，以臀部为轴向前折叠，躯干向前探，在双腿之间压向地板；双肩放松下沉，远离耳朵，保持胸腔展开。

（4）躯干压向地板时，用双手支撑身体；折叠到极限时，脊柱略弯曲，并以这个姿势放松（图7-2-8）。

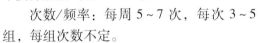

图 7-2-8　分腿体前屈

次数/频率：每周 5~7 次，每次 3~5 组，每组次数不定。

训练间歇：每组间歇 20~30 秒。

（三）单臂体侧拉伸

目的：提高躯干、腰、髋等部位关节、肌肉和韧带的伸展性和柔韧性。

方法：

（1）两腿交叉站立，两手平举，目视前方。

（2）向右弯腰，右手触摸右脚，注意膝盖不要弯曲。

（3）起身后，以相同的方式向左边弯腰（图7-2-9）。

次数/频率：每周 5~7 次，每次 3~5 组，每组次数不定。

训练间歇：每组间歇 20~30 秒。

图 7-2-9　单臂体侧拉伸

四、注意事项

（一）保护与帮助

辅助人员站于一侧进行保护与帮助。

（二）易犯错误

（1）弯腰拱背。

（2）耸肩，拉扯颈椎，用颈椎的弯曲把额头向前送以达到额头触腿的目的。

（三）纠正方法

（1）从髋部折叠而不是折叠腰椎。整条脊柱一直保持正常的生理曲折，不过度拉扯脊柱。

（2）双肩膀向腰的方向送，让肩膀远离耳朵；头颈在脊柱的延长线上自然伸展。

（四）技术要点

注意腿部伸直以及腰背部弯曲。

五、考核要求

（一）条件保障

垫子，肋木，将标有刻度的直尺（长 50～70 厘米）垂直固定于测量台（或桌、凳）。直尺的 0 位与台面齐平，由此上下各标毫米及厘米刻度，向上标至 20 厘米，向下标至 30 厘米。迷彩服或者练习服、运动鞋等。

（二）基本规则

（1）完成标准：由站立位开始，弯腰，手向下伸到极致，停留 5 秒钟后回到站立位，为一次立位体前屈动作技术的练习。

（2）完成后，成绩单位记录为"次"。

课目三　转腰、涮腰

目的：提高躯干、腰、髋等部位关节、肌肉、韧带的柔韧性与伸展性。

要求：了解转腰、涮腰的作用，掌握正确的转腰、涮腰的技术动作。

一、场地器材

迷彩服或者练习服、运动鞋等。

二、动作过程

（1）转腰：下身不动，上身用腰发力，分别向左侧和右侧旋转。

（2）涮腰：两脚开立，略宽于肩，上体前俯，以髋关节为轴，两臂向左前下方伸出，然后挥动两臂，随上体向前、向右、向后，再向左做翻转绕环；左右涮腰交替进行（图 7-2-10）。

图 7-2-10　转腰、涮腰

三、训练方法

（一）腹直肌拉伸

目的：保护腹腔脏器，维持腹内压；参与完成排便、呕吐和咳嗽等生理功能；降肋助呼气，使脊柱前屈、侧屈和旋转。

方法：

（1）俯卧在垫子上，两脚打开，与肩同宽，膝关节对准脚尖方向。

（2）收腹骨盆保持中立，挺胸，肩胛骨后缩下压，下颌微收，双眼平视前方。

（3）小臂撑在垫子上，肘关节弯曲至90°左右，做一个脊柱伸的动作，拉伸方向，由下向上。

（4）拉伸强度，直到腹直肌有强烈的拉伸感和疼痛感，拉伸时间15～30秒（图7-2-11）。

次数/频率：每周5～7次，每次3～5组，每组次数不定。

训练间歇：每组间歇20～30秒。

（二）背部拉伸

目的：提高背部肌肉、关节的弹性与柔韧性。

方法：

（1）平躺在垫子上，两脚打开，与肩同宽，膝关节对准脚尖方向。

图 7-2-11　腹直肌拉伸

（2）两腿弯曲，臀部夹紧并慢慢向上抬起，直到腿部和髋部形成一个平面。

（3）停留3秒钟慢慢放下，落地后重复之前的动作（图7-2-12）。

次数/频率：每周5～7次，每次3～5组，每组次数不定。

训练间歇：每组间歇20～30秒。

（三）跪姿体前屈

目的：拉伸后背竖脊肌，提高背部肌肉、关节的弹性与柔韧性。

图 7-2-12　背部拉伸

方法：

（1）首先要做跪姿，用膝盖和双手当着力点。

（2）腿要注意牢牢并拢，身体前倾伏下去，身体和双臂都尽量去伸直接触地面。

（3）用力拉伸自己的后背，直到身体完全接触地面，完成一次跪姿体前屈（图7-2-13）。

次数/频率：每周5~7次，每次3~5组，每组次数不定。

训练间歇：每组间歇20~30s。

图7-1-13　跪姿体前屈

四、注意事项

（一）保护与帮助

辅助人员站于一侧进行保护与帮助。

（二）易犯错误

转腰和涮腰时下体弯曲。

（三）纠正方法

积极地进行心理暗示，并且由辅助人员予以提醒。

（四）技术要点

涮腰时两腿伸直，以腰为轴进行环绕。

五、考核要求

（一）条件保障

迷彩服或者练习服、运动鞋等。

（二）基本规则

（1）完成标准：转腰时，腰分别向左向右转一次为一次技术动作的完成。涮腰时，双手随上体向前、向右、向后，再向左做翻转绕环，绕完一圈为一次技术动作的完成。左右交替进行。

（2）完成后，成绩单位记录为"次"。

第三节　下肢柔韧训练

课目一　正压腿、侧压腿

目的：增强腿部肌肉、关节、韧带的柔韧性与灵活性。

要求：了解正压腿、侧压腿的作用；掌握正确的正压腿、侧压腿的技术动作。

一、场地器材

肋木、迷彩服或者练习服、运动鞋等。

二、动作过程

（一）正压腿

面对一定高度的物体，双腿并拢站立，抬起左腿将脚跟放在肋木上，脚尖勾起，踝关节屈紧，两手扶在左腿膝盖上。两腿伸直，挺腰，收髋，上体前屈，向前向下做振压腿的动作，逐渐加大力量，然后换腿做。根据柔韧性程度，可依次用肘部、前额甚至下颌去接触脚尖（图7-3-1）。

（二）侧压腿

身体侧对肋木等支撑物，右腿支撑，脚尖稍向外撇，左腿举起，脚跟放在肋木上，脚尖勾起，踝关节屈紧，右臂上举，左掌放在右胸前。两腿伸直，立腰，开髋，上体向左侧振压。在练习中应注意，支撑腿的脚尖外展，被压腿尽量向身体正前顶髋，左臂向里掖肩，右臂向上举，然后向头后伸展。同时，将腿向肩后方振压。幅度逐渐加大，直到脚尖能接触到后脑勺（图7-3-2）。

图7-3-1　正压腿

图7-3-2　侧压腿

三、训练方法

（一）坐压腿

目的：拉伸大腿后侧，提高腿部肌肉、关节的弹性与柔韧性。

方法：

（1）双腿分开坐在地面上，一条腿屈膝，脚跟接触伸展腿的内侧。

（2）呼气，上体前倾贴近伸展腿大腿的上部。

（3）伸展腿膝部保持伸直，动作幅度尽量大（图7-3-3）。

次数/频率：每周5～7次，每次2～3组，每组次数不定。

训练间歇：每组间歇10～20秒。

（二）弓步蹲拉伸

目的：拉伸腘绳肌，同时拉伸臀大肌、核心肌群以及股四头肌。

方法：

（1）自然站立，右脚向前迈，下蹲弯曲成90°。

图 7-3-3　坐压腿

（2）将重心压在右脚上，左右腿成弓步，两手撑于右腿，身体直向下压。

（3）起身，换左腿（图 7-3-4）。

次数/频率：每周 5~7 次，每次 2~3 组，每组次数不定。

训练间歇：每组间歇 10~20 秒。

图 7-3-4　弓步蹲拉伸

（三）站姿腘绳肌拉伸

目的：拉伸腘绳肌，同时拉伸臀大肌等肌群，提高身体的灵活性。

方法：

（1）两腿分开，右腿向前踏一步，左腿弯曲，右脚脚跟着地。

（2）右腿伸直，挺胸抬头，上身后坐向前向下压。

（3）拉伸右腿后侧，然后换左腿（见图 7-3-5）。

次数/频率：每周 5~7 次，每次 2~3 组，每组次数不定。

训练间歇：每组间歇 10~20 秒。

（四）直膝分腿坐压腿

目的：拉伸大腿内侧的肌肉及韧带，同时还能拉伸
到臀大肌等肌群，提高身体的灵活性。

方法：

（1）双腿尽量左右分开，坐在地面上，双手体前
扶地。

（2）呼气，转体，上体前倾贴在一条腿上，双手扶
在身体前倾一侧腿的踝关节前部。

（3）充分伸展双腿和腰部，然后换另外一侧（见图 7-
3-6）。

图 7-3-5　站姿腘绳肌拉伸

次数/频率：每周 5~7 次，每次 2~3 组，每组次数不定。

训练间歇：每组间歇 10~20 秒。

图 7-3-6　直膝分腿坐压腿

四、注意事项

（一）保护与帮助

辅助人员站于压腿者的后方予以按压辅助以及保护。

（二）易犯错误

两腿膝盖弯曲。

（三）纠正方法

降低肋木的高度，以保证两膝伸直，并进行积极的心理暗示；辅助人员予以提示。

（四）技术要点

保持上体和膝关节伸直。

五、考核要求

（一）条件保障

肋木、迷彩服或者练习服、运动鞋等。

（二）基本规则

（1）完成标准：由上体直立下压到极致，停留 5 秒钟后回到起始状态，为一次压腿动作技术的练习。

（2）完成后，成绩单位记录为"次"。

课目二　正踢腿、侧踢腿

目的：增强腿部肌肉、关节、韧带的柔韧性与灵活性。

要求：了解正踢腿、侧踢腿的作用；掌握正确的正踢腿和侧踢腿的技术动作。

一、场地器材

迷彩服或者练习服、运动鞋等。

二、动作过程

（一）正踢腿

双手侧平举成立掌，左脚上步，前移重心的同时右脚勾脚尖，直腿向正前上方摆踢，然后原路返回，脚尖点地；右脚上半步，前移重心踢左腿。左右交替进行（图 7-3-7）。

（二）侧踢腿

侧向直体站立，两臂侧平举成立掌，右脚经左脚前向左侧上步，左脚勾脚尖向左侧正上方踢；左脚回落，脚尖点地，两臂左右平举，右脚再上步踢左腿。踢右腿时动作相同方向相反（图7-3-8）。

图7-3-7　正踢腿

图7-3-8　侧踢腿

三、训练方法

（一）纵压腿

目的：拉伸腿部肌肉及韧带，提高身体的柔韧与平衡能力。

方法：

（1）练习者两腿前后分开成一条直线，左腿在前，脚尖绷直。

（2）右腿内侧或脚背着地，然后慢慢下压。

（3）开始时可以用两手在身体两侧扶地或身体前倾压腿，慢慢将手侧平举。

（4）换一条腿在体前，继续练习（图7-3-9）。

图7-3-9　纵压腿

次数/频率：每周 5~7 次，每次 2~3 组，每组次数不定。

训练间歇：每组间歇 10~20 秒。

（二）横压腿

目的：拉伸腿部肌肉及韧带，提高身体的柔韧与平衡能力。

方法：

（1）练习者两腿左右方向分开成一条直线，两脚尖方向与两腿方向一致，绷直脚尖。

（2）然后身体向下振压。

（3）开始时可用双手在体前撑地或双手扶支撑物（图 7-3-10）。

次数/频率：每周 5~7 次，每次 2~3 组，每组次数不定。

训练间歇：每组间歇 10~20 秒。

图 7-3-10 横压腿

（三）仰卧压腿

目的：拉伸腿部肌肉及韧带，提高身体的柔韧与平衡能力。

方法：

（1）身体仰卧，屈右膝，脚掌离地。

（2）伸展带套于右脚前脚掌，右手抓伸展带，左手压左髋，保持骨盆中正稳定。

（3）伸直右腿并与垫面垂直、脚尖回勾，停留 5~8 次呼吸，换左脚（图 7-3-11）。

次数/频率：每周 5~7 次，每次 2~3 组，每组次数不定。

训练间歇：每组间歇 10~20 秒。

四、注意事项

（一）保护与帮助

辅助人员站于一侧予以技术指导与帮助。

（二）易犯错误

弓腰塌背，身体不能保持伸直。

图 7-3-11 仰卧压腿

（三）纠正方法

降低踢腿的高度，以保证身体伸直；进行积极的心理暗示；辅助人员予以帮助。

（四）技术要点

保持上体以及膝关节伸直。

五、考核要求

（一）条件保障

迷彩服或者练习服、运动鞋等。

（二）基本规则

（1）完成标准：学员由站立位起，踢一次腿为一次技术动作的练习。

（2）完成后，成绩单位记录为"次"。

思考题

1. 肩部柔韧的训练方法有哪些？
2. 在进行腰部、腿部的柔韧练习时，我们的注意事项有哪些？
3. 坐位体前屈的训练方法有哪些？

第八章　攀爬训练

第一节　爬绳

目的：增强上下肢力量；发展悬垂力量和技能；提高耐力和攀爬技能；锻炼协调性；培养顽强的意志品质。

要求：了解爬绳的作用；掌握正确的技术动作。

一、场地器材

吊绳攀登场、直径约为 0.04 米的爬绳、约 7 米高的攀登架、起攀标志线一条、迷彩服或者练习服、运动鞋等。

二、动作过程

（一）手脚并用爬法

如图 8-1-1 所示，动作过程：预备姿势—跳起悬挂—向上攀登—攀至绳顶—快速攀下。

图 8-1-1　手脚并用爬法

（1）预备姿势为直臂悬垂。两手靠拢握绳，两腿弯屈上提，两脚和两腿夹绳。

（2）屈臂引体向上，同时两脚蹬绳，身体上升成屈臂夹绳悬垂。

（3）两手依次向上换握成预备姿势，两脚和两腿仍夹紧绳。

（4）爬绳下降时可用两腿夹绳，不要快速下滑，以防擦破手掌；也不要离地很高时松手跳下，以免摔伤。

（二）手爬法

手爬法动作过程见图8-1-2。

（1）由直臂悬垂，拳心向内握绳开始，两手伸直紧握吊绳，腿脚自然下垂。

（2）两臂引体，两手向上轮流换握，两腿下垂，攀至顶点。

（3）爬绳下降时可用两腿夹绳，不要快速下滑，以防擦破手掌；也不要离地很高时松手跳下，以免摔伤。

图8-1-2　手爬法

三、训练方法

（一）在吊绳上做直臂悬垂练习

目的：增强上肢肌肉力量，提高手的握力。

方法：练习时双脚离地，两手握紧绳子，保持上肢紧张，躯干放松。

强度：最大输出量，力竭为止。

次数/频率：单次练习次数不定（个人力竭为止）。每周4~5次，每次3~6组，每组做到力竭为止。

训练间歇：1~5分钟。

（二）荡绳

目的：增强上肢肌肉力量，提高手的握力。

方法：练习时两手握紧绳子，两脚蹬地。摆荡中可做屈腿、屈髋、分腿等姿势，落地时可面向前，也可转体落地等（图8-1-3）。

强度：最大输出量，力竭为止。

次数/频率：单次练习次数不定（个人力竭为止）。每周4~5次，每次3~6组，每组做到力竭为止。

训练间歇：1~5分钟。

（三）两腿夹绳

目的：增强腿部肌肉力量。

方法：常用的夹绳方法是用小腿交叉，以一脚的脚背外侧和另一脚的脚跟外侧及两小腿和膝部内侧夹绳。也可用两脚掌夹绳（一般多用于爬竿）。为了使学员尽快掌握夹绳方法，可在吊绳旁放置跳箱、跳桌、凳子等，学员坐在上面学习夹绳（图8-1-4）。

图 8-1-3　荡绳

强度：最大输出量，力竭为止。

次数/频率：单次练习次数不定（个人力竭为止）。每周 4~5 次，每次 3~6 组，每组做到力竭为止。

训练间歇：1~5 分钟。

图 8-1-4　两腿夹绳

四、注意事项

（一）保护与帮助

（1）保护者站在爬绳一侧，时刻注意观察，防止爬绳者手滑掉落。

（2）在爬绳下放置海绵垫对爬绳者进行缓冲保护。

（二）易犯错误

（1）手脚用力不一致，引体后两手换握不及时，动作太慢，尤其是开始时两手换握的距离较近或太远。

（2）夹绳不紧，造成两脚向下滑动，影响上升高度。

（三）纠正方法

在较低位置处，在他人协助下反复体会正确的动作技术。

（四）技术要点

（1）在采用手脚并用爬法时，要屈臂引体向上，同时两脚蹬绳，手脚协调用力。

（2）在采用手爬法时，注意大臂和背阔肌的用力。

五、考核要求

（一）条件保障

场地器材：吊绳攀登场、直径约为 0.04 米的爬绳、约 7 米高的攀登架、起攀标志线一条、迷彩服或者练习服、运动鞋等。

（二）基本规则

（1）完成标准：爬绳者听到"开始"的信号后向上攀爬，攀爬至吊绳顶部时再快速攀下，直至双腿落地视为完成一次练习。

（2）完成后，成绩记录单位为"次"。

第二节　爬杆

目的：增强上下肢力量；提高握力和攀爬技能；锻炼协调性；培养顽强的意志品质。

要求：了解爬杆的作用；掌握爬杆的正确技术动作。

一、场地器材

爬杆场、杆、海绵垫、迷彩服或者练习服、运动鞋等。

二、动作过程

爬杆动作见图 8-2-1。

（1）先两手抱紧杆子，两腿对称弯曲 90°以上，然后双脚对称用脚板底紧贴杆子用力夹紧。

（2）脚用力蹬，对杆子施加压力，同时手用力上攀，这样身体就会向上移动了。

图 8-2-1　爬杆

（3）利用绳套攀登：用绳做圈套，两脚放在套内，两手紧抱杆子，两脚利用绳套夹在杆子上，两脚向下蹬伸，两手轮流向上移抱，攀至顶点，以相反的方向下降。

三、训练方法

（一）在杆上做直臂悬垂练习

目的：增强上肢肌肉力量，提高手的握力，锻炼手脚的协调配合能力。

方法：自然站立，双脚跳起双手握杆，手臂伸直做悬垂练习（图 8-2-2）。

强度：最大输出量，力竭为止。

次数/频率：单次练习次数不定（个人力竭为止）。每周 4~5 次，每次 3~6 组，每组做到力竭为止。

训练间歇：1~5 分钟。

（二）两腿夹杆

目的：增强腿部肌肉力量。

方法：常用的夹杆方法是用两脚掌夹杆。为了使学员尽快掌握夹杆方法，可在杆旁放置跳箱、跳桌、凳子等，学员坐在上面练习夹杆。

强度：最大输出量，力竭为止。

次数/频率：单次练习次数不定（个人力竭为止）。每周4~5次，每次3~6组，每组做到力竭为止。

训练间歇：1~5分钟。

（三）两腿夹杆前屈蹬直

目的：锻炼手脚的协调性。

方法：在直臂悬垂姿势中，做两腿夹杆前屈，接着两腿蹬直，同时屈臂引体的练习。

强度：最大输出量，力竭为止。

次数/频率：单次练习次数不定（个人力竭为止）。每周4~5次，每次3~6组，每组做到力竭为止。

训练间歇：1~5分钟。

图 8-2-2　杆上直臂悬垂练习

四、注意事项

（一）保护与帮助

（1）保护者站在一侧，时刻注意观察，防止爬杆者手滑掉落。

（2）在爬杆下放置海绵垫对爬杆者进行缓冲保护。

（二）易犯错误

手脚配合不协调。

（三）纠正方法

在较低位置处，反复体验正确的技术动作，并进行积极的心理暗示；保护人员予以帮助。

（四）技术要点

脚用力蹬，对杆子施加压力的同时手用力上攀。

五、考核要求

（一）条件保障

爬杆场、杆、海绵垫、迷彩服或者练习服、运动鞋等。

（二）基本规则

（1）完成标准：爬杆者听到"开始"的信号后向上攀爬，攀爬至顶部时再快速攀下，直至双腿落地视为完成一次练习。

（2）完成后，成绩记录单位为"次"。

第三节 爬平梯

目的：发展上肢、腹背与腰腹肌肉力量；提高身体的协调性、灵活性和平衡能力；培养顽强的品质和刻苦锻炼的精神。

要求：了解爬平梯的作用，掌握规范的爬平梯动作。

一、场地器材

训练平梯、平整的场地/沙地/体操垫、镁粉、体能服或者训练服、运动鞋等。

二、动作过程

预备姿势—起跳悬挂—肋木移动—缓冲落地。

（1）在平梯的一端站立，双脚起跳，双手抓平梯的肋木。

（2）在平梯的一端悬挂，两手交替在平梯的肋木上移动，先行手抓牢之前悬挂手不得放松，预防掉落（图8-3-1）。

（3）攀爬到另外一端时，双手同时松开肋木，双腿屈膝缓冲落地。

图8-3-1 爬平梯

三、训练方法

（一）在肋木上直臂悬垂练习

目的：持续刺激，增强上肢肌肉力量以及手掌的摩擦力。

方法：自然站立，双脚跳起，双手握杆，手臂伸直做悬垂练习（图8-3-2）。

强度：最大输出量，力竭为止。

次数/频率：单次练习次数不定（个人力竭为止）。每周3~4次，每次2~3组，每组次数不定。

训练间歇：3~5分钟/组。

（二）手臂交替的练习

目的：持续刺激，增强上肢肌肉力量以及手掌的摩擦力。

方法：先行手与悬挂手交替练习。

强度：最大输出量，力竭为止。

次数/频率：单次练习次数不定（个人力竭为止）。每周3~4次，每次2~3组，每组次数不定。

训练间歇：3~5分钟/组。

（三）攀登软梯的练习

目的：持续刺激，增强上肢肌肉力量以及手掌的摩擦力。

方法：

（1）面对软梯站立，右腿弯屈上提。

（2）前脚掌蹬紧第一节软梯，两手抓握第4~5节软梯，身体紧贴。

（3）左脚蹬地上提，同时左手用力将软梯用力向胸前拉进。

（4）手、脚依次交替抓蹬向上攀，攀至顶点，以相反的动作下降。

图8-3-2 肋木直臂
悬垂练习

强度：最大输出量，力竭为止。

次数/频率：单次练习次数不定（个人力竭为止）。每周3~4次，每次2~3组，每组次数不定。

训练间歇：3~5分钟/组。

四、注意事项

（一）保护与帮助

（1）保护者站在平梯的一旁，时刻注意观察，防止爬绳者手滑掉落。

（2）在平梯下放置海绵垫对爬平梯者进行缓冲保护。

（二）易犯错误

（1）手脚配合不协调。

（2）先行手与悬挂手之间不能合理交替。

（三）纠正方法

（1）由他人协助，反复体会正确的动作技术。

（2）利用板凳协助，体会先行手和悬挂手之间的交替。

（四）技术要点

（1）双手抓肋木时，注意大臂和背阔肌的用力。

（2）注意先行手与悬挂手之间的合理交替。

五、考核要求

（一）条件保障

训练平梯、平整的场地/沙地/体操垫、镁粉、体能服或者训练服、运动鞋等。

（二）基本规则

（1）完成标准：由平梯的一端经手臂在肋木上移动到另一端直至缓冲落地视为完成一次练习。

（2）完成后，成绩记录单位为"次"。

第四节　攀岩

目的：发展上肢、腹背与腰腹肌肉力量；锻炼柔韧性、协调性与平衡性；增强注意力的集中；培养顽强的品质和刻苦锻炼的精神。

要求：了解攀岩的作用；掌握正确的攀岩技术动作。

一、场地器材

攀岩训练场、安全带、下降器、安全铁锁、绳套、安全头盔、攀岩鞋、镁粉和粉袋等。

二、动作过程

攀岩动作见图 8-4-1。

图 8-4-1　攀岩

（一）身体的重心

身体要尽量贴近岩壁，重心大约在胯的位置。面向岩壁时，要尽量向前顶胯，可使重心充分贴近岩壁，这样更加省力。如果手点较低，可蹲下降低重心并侧身，同时保持手臂伸直以及重心贴近岩壁。固定三点，移动一点，即两手两脚固定好其中的三点，移动另外一点。

（二）手臂的动作

当手抓住岩点时，胳膊应尽量伸直。胳膊伸直后，骨骼受力，肌肉可以放松，节省臂力。小臂发胀时，可将胳膊垂下让血液回流，并抖手让肌肉放松。

（三）脚的动作

踩点应当用脚尖内侧而不是脚掌。踩在岩点上，发力的时候，脚跟应保持高于脚尖以便发力。蹬脚分为正蹬与侧蹬（内侧与外侧）。正蹬多用于直壁向上攀登，侧蹬多用于仰角向上攀登以及横移。

三、训练方法

（一）脚的练习

目的：增强脚对支点的感觉。

方法：找个可以横移的地方，在横移过程中，手点全部使用大的支点，而脚点全部使用小的支点。

强度：最大输出量，力竭为止。

次数/频率：单次练习次数不定（个人力竭为止）。每周2~3次，每次2~3组，每组次数不定。

训练间歇：3~5分钟/组。

（二）手的练习

目的：增强手对支点的感觉。

方法：在横移过程中，手点全部使用小的支点，脚点全部使用大的支点。

强度：最大输出量，力竭为止。

次数/频率：单次练习次数不定（个人力竭为止）。每周2~3次，每次2~3组，每组次数不定。

训练间歇：3~5分钟/组。

（三）平衡感的练习

目的：增强攀岩时的平衡能力，稳定重心。

方法：限定手点的高度，只在很短的距离（指手脚之间的距离）内进行移动。

强度：最大输出量，力竭为止。

次数/频率：单次练习次数不定（个人力竭为止）。每周2~3次，每次2~3组，每组次数不定。

训练间歇：3~5分钟/组。

四、注意事项

（一）保护与帮助

（1）保护者站在攀岩墙的下方，时刻注意观察，防止攀岩者掉落。

（2）在攀岩墙下放置海绵垫对攀岩者进行缓冲保护，并采取给攀岩者系好安全带等保护措施。

（二）易犯错误

（1）身体远离岩壁，重心不稳。

（2）手脚不能协调用力。

（三）纠正方法

（1）面向岩壁时，尽量向前顶胯，使重心充分贴近岩壁。

（2）攀岩时，四点（两手两脚）应固定其中三点，只移动其中一点。

（四）技术要点

（1）注意攀爬时保持身体重心。

（2）应当用脚尖内侧而不是脚掌踩点。

（3）在固定好其他三点时再去移动另外一点。

五、考核要求

（一）条件保障

攀岩训练场、安全带、下降器、安全铁锁、绳套、安全头盔、攀岩鞋、镁粉和粉袋等。

（二）基本规则

（1）完成标准：攀岩者听到"开始"的信号后向上攀爬，攀爬至顶部时再快速攀下，直至双腿落地视为完成一次练习。

（2）完成后，成绩单位记录为"次"。

思考题

1. 简述爬绳爬杆的训练方法。

2. 如何对攀爬项目的学员进行保护？

3. 攀岩时应如何保持身体重心？

第九章　训练计划

训练计划是为了提高定向培养士官生学员的全面身体素质和体能水平而设计的一种系统性、专门性的训练方案。古人云："凡事预则立，不预则废。"制订好的训练计划就是训练活动之"预"的一个重要内容。体能训练是一个综合性的过程，其变化的机制和原理也是相应变化的。综上，在定向培养士官生体能训练的组织和管理中，应遵循人体科学的理论和运动训练的基本原则和方法，充分研究广大学员的身体变化规律，从而科学地制订相应的训练计划。

第一节　训练计划概述

一、训练计划的意义、作用及其构成因素

（一）制订训练计划的目的和意义

训练计划主要是依据训练目的和任务、训练年限和时间、学员的基本条件以及目前所处的训练水平等因素而制订的。其中，训练计划目标的制订包括了长期目标、阶段目标和短期目标，它们之间既存在联系，又具有相对的独立性。目前，学员体能训练的终极目标是提高学员的战斗力，围绕着这个目标而制订的各项训练计划一般具有长期训练计划的特性。其目的是通过定向培养士官生体育的教学与训练，使学员了解定向培养士官生体育训练的基本知识，掌握体育训练的基本技术、基本技能和组织训练方法，培养坚强的意志、顽强的作风和团结协作的集体主义精神，为完成作战、训练任务打下良好的身体素质基础，这将对团队战斗力的提高有着积极的作用。

制订好的训练计划具有系统性、科学性和实效性等三方面的意义。首先，制订训练计划具有系统性的意义。一项训练计划的制订前必须了解总体目标，制订出一个长远的可实现的计划，同时围绕总体目标明确地划分出不同阶段的任务，这样就保证了训练的长期性和系统性。其次是科学性。训练计划的制订是依据人体运动原理和训练原则、方法而制订出来的，具有合理的量和强度的搭配，在实际操作中较为科学。最后，体能训练的计划具有实效性。作为一项训练计划，必须具有可操作性，同时它对训练目标的实现具有明显的效果，这样的训练计划才有它的现实作用和意义。

（二）制订训练计划的作用

1. 制订训练计划是体能训练的基础环节

在训练的过程中，学员的体能训练是重要的基础环节之一。它具有服务于战场、服务于人与装备的结合、服务于保障训练所需的基础体能等特征和作用。因此，我们应当依据未来

环境对学员体能的要求，并运用体能训练的基本原理、原则、方法来制订学员的训练计划，使之能有效地提高学员的体能水平。

2. 制订训练计划是体能训练的主要内容

科学全面、合理适宜、系统规范地制订训练计划，能够丰富院校的体能训练内容，强化组训人员有计划地训练体能的意识，把体能训练的计划与量化指标落到实处，从一个层面反映定向培养士官生体能训练工作的科学性。

3. 制订训练计划是统领学员体能的核心

一个长期计划或是阶段计划的制订，对这一时期内的体能训练有着计划指导性和具体实效性的作用，是具体工作的核心文件。通过计划的制订可以系统地、完整地组织训练，长期地掌握落实训练任务的完成情况，具体有效地提高学员体能，从而全面地、系统地统领学员体能训练工作。

4. 制订训练计划是学员体能训练的具体实施方案

训练计划是具体的操作实施方案，它有具体的内容、方法与手段，能很好地将各个训练内容结合在方案中，帮助组训人员组织训练，使组训人员在计划方案的训练中得到提高，使长期训练计划落实到每次的训练课中。

5. 制订训练计划可对照监督检查学员的体能训练情况

一个长期计划是通过具体训练计划的实践训练来实现的。在这个训练过程中，对训练有效程度的监督检查必须依据训练计划的内容来完成。这样可以使计划更加有效，也更为严密，真实地反映参训人员的实际训练水平和体能提高状况，为进一步制订具有针对性的训练计划提供科学依据。

（三）训练计划的构成要素

训练计划的构成要素应包括训练内容、训练时间、训练强度、训练频率、训练目标、营养与恢复、训练效果考评及微调整等内容。

1. 训练内容

训练内容是学员训练计划的重要组成部分。它主要是针对学员在实战中所需要的力量、速度、耐力、灵敏、柔韧和协调等身体素质的训练。

任何一个运动项目对三大能量代谢系统和神经、骨骼、肌肉等系统都有要求，而且在完成运动项目时需要三大能量代谢系统协同进行能量供应。因此在制订学员的训练计划中确定训练内容时，首先要了解学员在其参加的运动项目中的活动方式，并据此选择合适的训练内容。训练计划应使训练的方法尽可能与运动项目相似，提高学员专项需要的能量代谢能力，改善学员的神经、骨骼、肌肉等系统功能。

2. 训练时间

训练时间是指学员训练计划中具体训练内容的时间安排，是科学安排体能训练的重要保证。训练时间的安排可以分为两类：

第一类是对总训练计划的时间安排、对月训练计划的时间安排、对周训练计划的时间安排、对日训练计划的时间安排、对课训练计划的时间安排等。

第二类是对训练项目的具体手段所规定的时间安排和各项目的间歇时间安排。

3. 训练强度

训练强度是指训练中对学员机体的外部刺激的强度，是训练计划中最关键的部分。它包括运动的密度、速度、力量及难度等因素。体能训练主要是通过对学员施加训练负荷，使学员产生生物适应性，而负荷主要是由负荷强度和量（负荷量由时间、频率等因素组成）构成，两者相互依存、相互影响，任何负荷的量都是以一定的强度为条件而存在的。

4. 训练频率

训练频率是指学员在一次体能训练课中对一种训练内容的完成次数，它对体能训练中训练负荷量的把握起着重要的作用。体能训练对训练频率有非常严格的要求，在具体的身体素质的训练过程中，频率是区分学员水平的一种重要标准。

5. 训练目标

训练目标是根据学员的体能现状诊断和对学员在训练中产生的生物适应性的提前预估所做出的目标判断和要求。训练目标是对体能训练所产生的预期结果的规划，它对激励学员的参训积极性、提高教练员的指导方向性和规范训练计划微调的波动性等有重要的作用。

6. 营养与恢复

营养与恢复是对体能训练影响最大的非训练因素。学员参加体能训练时，只有足量的营养摄入和充分的疲劳恢复才能完成理想的训练目标。

体能训练离不开负荷，同时也离不开恢复。因为没有负荷的训练是无效的训练，而没有恢复的训练是危险的训练。体能训练对人体能量物质的消耗是巨大的，如果没有足够的恢复，会导致学员机体能量的迅速消耗，长时间得不到补充或长时间补充不足，会对体能产生不利影响，导致学员身体机能下降，运动能力降低甚至威胁健康。为了使体能训练取得理想效果，提高学员的体能水平，必须重视恢复。体能训练和训练后的营养恢复是有协同效应的，在训练计划中应明确地写出营养与恢复的具体要求和安排。

体能训练要消耗体能，而体能恢复的关键在于恢复机体的能量储备，包括糖、脂肪、蛋白质、水、无机盐等的全面补充。因此，补充营养是体能恢复的物质基础。

7. 训练效果考评及微调整

训练效果考评是根据训练目标和学员参训的现实情况对训练计划做出的切实评价和对学员训练做出的综合评价，它是对训练计划进行微调整的关键依据。微调整是不断完善训练计划的主要手段，它对提高训练计划的可行性、全面性以及完成体能训练目标有着重要作用。

二、训练计划的特点

训练计划构成要素的多样性和体能训练在定向培养士官生体育中的重要性不断发展和提高，使训练计划呈现出以下特点。

（一）全面性

在实战化背景下的今天，学员体能的高低已不再由单一或几项身体素质的优劣来决定，而是由多项身体素质相互配合、协同作用而决定的。为了全面提高学员的体能水平，必须全面拓展体能训练的范围，在制订训练计划时对各项身体素质都要有科学化的具体要求。

（二）针对性

在把握住训练计划的全面性的同时，也要兼顾个别项目的主要身体素质或个人身体素质优势，提高在项目中起主要作用的身体素质或高度发展学员的突出身体素质。这种有针对性的体能训练能使学员的总体能力保持在较高水平。

（三）系统性

体能训练的各构成要素之间都存在着相互关系，为了保证学员体能全面稳定增长，必须保证训练的系统性，无论是宏观的训练计划还是微观的训练计划，都应该体现出体能训练的系统性特征。

人体就是一个稳定的生物系统，有其自然生长发育规律，在体能训练中就是要使学员机体对训练产生生物适应性，使人体朝着有利于运动的方向发展，这就是使一个系统在特定规律下转变，因此体能训练必然呈现出系统性特征。

（四）动态调整性

体能训练目标的实现不仅受到主观方面的影响，而且受到许多客观方面的影响。

（1）主观方面的影响：学员的身体条件、学员参训态度的变化、教练员的执教强度与理念。

（2）客观方面的影响：竞争对手的体能情况，竞赛规则的变化，竞赛场地、器材的特点，竞赛的时间安排，等等。

主客观条件的变化都会对体能训练目标产生影响。因此，制订训练计划时应该及时、准确地把握各方面相关因素的变化，根据具体变化的情况对整个训练计划进行动态的微调整，以保证体能训练目标的实现。

（五）阶段性

在制订训练计划时，要根据体能训练的具体时间、任务、对象来具体划分体能训练的阶段。这些阶段的划分可以概括为以下几方面：

（1）在时间上的划分：冬季特训阶段、夏季特训阶段等。

（2）在任务上的划分：体能基础训练阶段、体能测试前调整训练阶段、体能测试后恢复训练阶段等。

（3）在对象上的划分：体能训练适应阶段、体能训练提高阶段、体能训练保持阶段等。

第二节　训练计划的类型与内容

一、训练计划的类型

从运动训练学的角度，训练计划分为多年训练计划（2年以上）、全年训练计划（1年）、短期训练计划（半年左右）、周训练计划（7天：20学时）以及课时训练计划（0.5～4小时）等。在定向培养士官生体能训练中，由于各专业、各院校有各自的性质、任务和特点，我们也可以将训练计划分为团队计划、个人计划、特别计划三类。

（一）团队计划

团队计划必须支持和保证团队整体任务的完成。一个独立的团队也许就需要几种不同的训练计划。有些团队，通常由相同专业特点的学员组成。另外，某些团由许多不同专业的学员组成，每名学员都有各自需要的训练计划。

（二）个人计划

个体能力的差异是现实存在的，只有根据自己的实际水平，合理安排出不同的训练计划，才能达到与体能好的学员接近的体能水平。例如，怎样提高3000米跑的成绩？团队训练时应该采取能力分组跑的形式而不是集体跑的形式，各个能力组的学员将以特定的速度前进。在每个组内，每个人跑步途中的心率应该控制在他自己的训练心率范围内。如果所在组的速度不足以使一名甚至数名学员的心率达到训练心率水平，就应将这些学员转到高一级的能力组进行训练。

（三）特别计划

对于团队中有其他原因或受伤的人员，应根据实际的体能素质水平，设定专门的训练计划，以达到保持和恢复身体能力水平的目的。

二、制订训练计划的内容

尽管训练计划的类型有所不同，并有自己特定的要求，但因为训练中的基本规律和基本关系是不会改变的，所以在训练计划的制订上具有共同的内容和特征。

（1）诊断与总体目标的建立。也就是说，根据任务要求，结合训练时间、学员体能基本条件等实际情况，确定出训练的总目标。

（2）实现目标的基本对策。在诊断的基础上，结合总体目标，找出差距和自身的薄弱点，有针对性地提出具体要求和对策。

（3）确定训练过程的阶段划分及各阶段的主要任务。在训练内容中应明确什么阶段发展哪些体能素质（如上下肢力量、心肺功能等），并针对以上内容提出相应的要求。

（4）规划负荷的动态变化趋势。计划负荷在各个训练阶段所占的比例以及总体的走势曲线，明确各个训练阶段之间的比重和训练负荷的强弱。训练强度的安排对训练效果产生直接的影响，训练计划要符合循序渐进的原理，训练强度应由小到大、逐渐深入，使练习者能够达到"超量恢复"而不致发生损伤。

（5）确定训练量。训练量指每次训练课的练习总量，计划中应体现训练总量的多少，合理地安排运动量对训练效果和预防损伤有重要作用。

（6）选用训练方法和手段。合理的训练方法和手段是提高训练效率和预防损伤的基本途径，可以根据训练内容和目的的不同，灵活采用不同的训练方法。例如，要发展一般耐力，可以采用持续练习的方法。

（7）安排训练时间。训练时间要有保障，应根据身体刺激—恢复—适应—再刺激的规律，合理安排训练时间，既要有刺激的时间，也要有恢复的时间。

（8）制订恢复措施。长时间以来，人们在制订计划时，常常忽视了制订相应的恢复措施，现在越来越多的人对恢复问题日益重视，不是在负荷之后训练者业已疲劳时才去考虑恢复问题，而是在制订训练计划时就应考虑到负荷后应该如何恢复的问题。计划中应该体现出各种恢复性措施和手段，例如有积极性和自然性恢复的方法，恢复的手段可以选用按摩、热敷、淋浴等。

（9）确定检查评定的内容、时间及标准。要想对运动训练过程实施有效的控制，首先必须掌握大量反映运动训练过程进行情况的信息。而这些信息只有通过有计划的检查评定，通过及时、准确、客观而可靠的诊断才能获得。因此，在制订计划中要明确评定的内容及时间，也可以分阶段地进行一种动态的连续的评定，这样可以有效地监督和控制训练过程中的效果与质量。

总之，这九个要点对任何一种训练计划都是必需的。根据这九个内容在训练过程中的意义，又可以把它们归结为准备性部分［（1）］、指导性部分［（2）（3）］、实施性部分［（4）（5）（6）（7）］和控制性部分［（8）（9）］。通常在制订多年训练计划和年度训练计划时，应特别重视指导性部分；而在制订具体的周、课计划时，应认真考虑实施性部分。

三、制订训练计划应注意的问题

在定向培养士官生体能训练中，制订训练计划必须符合整体实际情况，计划安排要体现团队整体体能训练的目标，遵循科学、合理的训练原理和方法。

（1）必须掌握体能训练的基本原则以及训练的基本要素（如强度、密度、时间、类型等），同时，要知道如何运用这些原则和要素去制订合理的训练计划，以便有效提高学员的各项身体素质。

（2）应该将培养学员的集体主义精神建立在训练计划的基础上，积极、现实的训练计划才是有效的。同时在制订计划时，也应当意识到身体训练和相关活动中潜在的危险因素，在计划中把损伤和事故控制在最低程度。总之，要制订能最大限度地提高学员体能的训练计划。

（3）在身体训练计划的实施过程中，应遵循区别对待的原则。一种常见现象是，当所有的学员在集体跑中以相同的速度跑步时，有可能体能好的学员得不到任何锻炼效果，因为他们没能达到自己的训练心率，而体能差的学员也有可能因超过自己的训练心率而发生损伤。另一种常见现象是，经常固定地使用某种训练形式进行练习活动，由于过分强调形式而忽视内容，计划缺乏多样性，导致体能训练效果不佳。我们应尽量避免这些错误，从而争取在身体训练中保持心肺功能与肌肉耐力训练及力量训练之间的平衡关系。

第三节　制订训练计划的原则、步骤与方法

训练计划的制订是整个训练过程中的重要组成部分，其制订的步骤首先是确定训练计划的任务，并根据总体任务来确定实施计划的时间、对象和目标，进而把总体任务细化到各个训练单元中，在各个训练单元的计划制订中应注意包含训练科目、时间、负荷与量、训练的方法和手段、恢复措施和保障条件等方面。同时，在训练过程中，因各种原因致使训练不能按照计划执行，我们还可以通过定期检查的形式来评估训练计划，及时地调整训练过程，使之始终向总体的目标前进。

一、制订训练计划的原则

在制订训练计划的过程中必须遵循一定的客观规律和要求，这对制订训练计划具有指导意义。制订训练计划必须遵循如下原则：

（一）科学、合理、有效的原则

首先要注重科学性原则，即制订计划时要以运动生理学、保健学和训练学的相关理论和研究成果为依据，遵循学员所参与的体能测试项目的规则要求；其次是合理性原则，即制订计划时要以学员的实际身体状况为前提，遵循人体生物适应性变化规律；再次是有效性原则，即制订计划时要以训练目标和竞赛需要为前提，切实选择训练的内容、频率等。

要使体能训练、技术训练、战术训练、心理训练等有机地结合、相辅相成，选择和技战术训练、心智训练紧密结合的体能训练内容，使体能训练贯穿于整个完整的训练计划中，保证训练计划科学、合理、有效地展开。

（二）全面安全系统的原则

为了提高学员的战斗力，必须全面提高学员的体能，学员训练计划的制订要尽可能全面详尽，同时针对学员的体能弱项要加大训练力度，对强项要尽可能地保持其高水平状态。有计划地训练的目的就是要避免过度训练和大意训练造成的学员过度疲劳、心理抵触、身体伤病等训练负面影响，从而提高体能训练的安全性。由于人体的体能有生物适应的长期性和不稳定性，因此在制订训练计划时，要充分考虑训练的系统周期性原则。训练计划中的各构成要素之间的密切联系，要求在制订计划时必须全面、安全、系统地考虑训练计划的内容及具体实施程序。

（三）因人而异的原则

每个学员之间都有一些相似的特点，但又有各自的特点。在体能训练中这一点非常关键，因此在各类训练计划的制订过程中都要充分考虑不同学员的个体差异性，针对不同学员在体能素质上的不同表现和要求，区别对待，体现出因人而异的原则，使训练计划在执行时具有一定的灵活性和针对性，采用最适合学员自身运动特点的体能训练方法，最大限度地利用个人特点，提高体能训练的效果。

在制订双人和小组的训练计划时，因人而异原则尤其重要。在集体训练中，每个学员的特点都不同，各有优势与不足，各有不同的心理和情绪，因此，在制订具体的训练计划时必须针对每个学员有不同的训练内容和强度。在同一个体能教练组内，有的可能需要着力发展手臂的爆发力量，有的则需要发展下肢的弹跳力量。这就要求我们在制订训练计划时要遵循因人而异的原则。

（四）与学员的整个训练计划有机结合的原则

定向培养士官生体能训练过程中的体能、技能、战术、心理、智能等构成因素是相互依存、相互影响的，因此在制订训练计划的时候要充分考虑各个训练计划之间的有机结合。在训练计划的内容选择上，可以注重有利于学员运动技能提高的训练方法和手段，频率和强度上的变化可以在一定程度上提高学员吃苦耐劳的优秀品质。要把训练计划和技战术训练计划有机结合，并与学员的整个训练计划有机结合。

二、制订训练计划的具体步骤

（一）制定训练目标

训练目标是指通过长期系统的身体练习所要达到的身体素质水平，既包括集体的任务，也包括个人的任务。制定训练目标应遵循从实战出发的原则，符合团队实际情况，目标应尽可能具体，如全面提高学员的力量素质、达到学员体能标准、减少体能训练损伤的数量等。

（二）评估团队整体当前的体能水平

训练目标确立后，任何可量化的、需要体能的军事任务所必需的内容都可以作为检验和评估的手段。通过这种比较，找出学员现有的体能水平与期望目标之间的差距，确定训练计划的重点和难点，从而在训练计划中加大训练比重。

（三）确定训练要求

针对学员的体能状况，确定身体训练的要求。例如，在训练时间、训练形式上提出要求，在训练的科目和内容上提出要求，在训练负荷和量上提出要求，等等。在经过一段时间的强化训练后，如学员不能达到预期的体能水平，就应对照长远训练计划和短期训练计划，识别出影响近期训练计划的主要因素。

（四） 制定各阶段的训练任务

依据总体的任务，针对每个时间段提出当前所要达到的训练分目标；为了达到这个分目标，制定每个单元的训练任务，应有重点、密度、时间和形式，并列出训练预期的结果。同时根据不同的训练对象，在训练单元中可给以不同任务。例如，集体任务、个人任务、组训人员任务、训练所需设备等。

集体任务：是指集体训练的任务，这是训练的集体目标。例如，使用沙包进行的循环练习来提高整体的体力和肌肉的耐力等。

个人任务：这是个人为了完成集体训练任务而必须完成的训练任务，只有先完成个人的训练任务，才能完成集体任务。例如，为提高心肺系统耐力，每个学员必须进行的能力分组跑、行军、法特莱克、间歇训练等训练任务，并在有条件时，对训练者的训练心率进行监控。

组训人员任务：这是特殊的任务，它是保证集体和个人训练进行的特别任务，包括提供保障、开展训练、学员的特殊教育、监控训练过程等。

设备：指训练器材、设施和其他训练保障条件，只有按训练计划提前做好各种设施设备的充分准备工作，才能使训练计划得到很好的实现。

（五） 制定训练日程表

体能训练日程表中的内容必须遵循训练的原则，并体现密度、强度、时间、类型四个训练要素及其组合，使学员的身体素质均衡发展。训练日程表应包括训练进度、强度和持续时间等内容。

（1） 确定最低限度的训练密度：理想的训练密度应为每周三次心肺功能训练和三次肌肉训练。

（2） 确定活动的类型：活动类型取决于当次练习目的。

（3） 确定所选择活动类型的强度和时间。

每次训练单元的结构应包括：准备活动阶段、心肺功能锻炼阶段、肌肉力量和耐力锻炼阶段、整理活动阶段。

（六） 实施和评估训练

在一次有效的身体训练的最后阶段，可以通过训练心率或肌肉疲劳程度来评估训练的强度和训练效果。学员也可以自我监控身体的感觉，一次训练后，应感到自己的体能得到了锻炼，能够达到或超出训练目标。评估训练的关键是确定训练是否能提高身体机能；否则，训练计划需要重新审定。

三、训练计划应用范例

下面的训练计划范例是一位教员制订的阶段训练计划，它体现了基层团队制订身体训练计划的思路。

（一） 制订体能训练目标

根据定向培养士官生体育教学的课程标准规定，结合《体能训练标准》中各项目考核标准，明确指出定向培养士官生学员经过长期身体锻炼应达到各项要求，以及主要发展的各项素质：肌肉力量、肌肉耐力和心肺功能等方面的身体素质。因此，我们提出的主要目标如下：

（1）全面提高学员的肌肉耐力和力量水平。

（2）全面提高学员的心肺功能。

（3）提高学员队的体能标准测验的平均成绩，每个学员的俯卧撑、仰卧起坐和单腿深蹲项目的成绩至少达到 90 分，3000 米跑的成绩至少达到 85 分，单杠的成绩应达到 80 分。

（4）提高行军的能力，使全体学员都能在全副武装的情况下在规定时间内完成 20 公里的行军。

（5）减少伤病员的人数。

（二）评估团队当前体能水平

教员研究了学员队摸底测验的成绩，结果如下：

（1）俯卧撑平均成绩是 78 分，合格率为 70%。

（2）仰卧起坐平均成绩是 80 分，合格率为 85%。

（3）单杠平均成绩是 35 分，合格率为 35%。

（4）3000 米跑平均成绩是 64 分，合格率为 60%。

（5）学员队总体合格率较低，每队没有参加测试的伤病员 15 人左右。

（三）制定训练要求

训练要求是在训练结果和学员队测验数据分析的基础上提出来的。把测验数据资料与训练目标的标准进行对比，当成绩低于训练目标的标准时，就必须提出解决问题的要求。因此提出了下列训练要求：

（1）在学员队的每次身体训练中，在准备活动和整理活动部分进行柔韧性的训练。在整理活动中，将训练的重点放在发展腰部、腿后肌群和臀部伸肌群的柔韧性训练上。

（2）学员每周做 2~3 次的发展全身肌肉群的力量练习，尤其应注意上肢的拉伸肌肉群的训练（加强与单杠动作相似的辅助动作的练习）。

（3）学员每周安排俯卧撑、仰卧起坐的计时练习。

（4）学员每周安排 2~4 次，每次至少 20~30 分钟达到训练心率的训练。

（5）每两周至少安排一次行军训练。

（四）制定阶段训练任务

（1）准备期。从 3 月中旬~3 月底集中进行学员的体能摸底测试，找出学员在体能训练中的薄弱点，并加以研究分析，提出相关的方案和教学与训练计划。

（2）提高期。从 4 月初~6 月初，针对学员进行全面系统的体能教学与训练，建议采取每周加课的方式（每周 3 次课，共 20 次课 40 学时），全面提高学员身体素质水平，打牢体能基础。

（3）强化期。6 月初~6 月中旬，利用两周 6 次课 12 学时进行全面的复习强化，提高各学员队的体能项目上的达标通过率。

（4）调整期。6 月中旬~6 月底，集中进行体能的模拟考核，可利用 12~16 学时的时间集中进行，考核的项目按照大纲及课程标准抽取。具体的阶段任务如表 9-3-1 所示。

在对整个体能训练进行阶段性的基本规划之后，我们也可以有针对性地设计各个单项的阶段性训练计划。例如，在确定自己的训练程度和水平后，分段系统地学习 100 米跑的技术，可以有效地提高 100 米跑的训练质量和成绩，使训练起到事半功倍的效果。如表 9-3-2 所示。

表 9-3-1 各阶段体能训练任务表

时间	准备期 （3月中旬~3月底）		提高期 （4月初~6月初）	强化期 （6月初~6月中旬）	调整期 （6月中旬~6月底）
	准备阶段	一般阶段	基础阶段	巩固和提高阶段	调整
主要任务	恢复体能状态	发展体能状态	全面进行体能训练，加强薄弱项目训练	专项训练，继续保持和发展体能素质	积极恢复，消除生理和心理疲劳，调整训练计划
	提高力量素质和心肺功能		提高专项技术和战术	提高专项技术和战术	
负载	量		中→大→最大→大中→小中→大→最大→中→中→小		
	强度		小→小→中→最大→大→中小→中→中→大→最大中→中		
负荷与量图					
方法	素质	以持续和间歇训练为主	以间歇法、重复法为主	以间歇法、重复法为主	以游戏法、持续法、变换法为主
	技术	以分解练习为主	以分解法、完整法为主	以完整练习法为主	—
手段	多种多样的一般和专项练习		练习手段相对集中	以专项项目为主	以游戏法、持续法、变换法为主
恢复	减少负荷，变换负荷的形式、地点和组织形式		注意负荷节奏，各种积极的与自然的恢复措施	注意负荷节奏，各种积极的与自然的恢复措施	减少负荷，变换负荷的形式、地点和组织形式
评定	心理及身体恢复状况		负荷及机体适应情况	负荷及机体适应情况	心理及身体恢复状况

表 9-3-2 100米跑阶段性训练计划

序次	时间（小时）	技术学习内容	专项素质训练内容	训练方法
1	2	跑的专门练习，学习100米跑途中跑技术，重点应放在掌握摆臂、腿部蹬摆动作上	发展腿部爆发力（跳跃练习）	①跑的专门性练习（小步跑、高抬腿、后蹬跑和车轮跑） ②中速反复跑60~80米。 ③变速跑60~100米（20米快+20米慢）练习 ④长短距离跳跃练习
2	2	改进和提高跑的专门性练习，复习100米跑的途中跑技术并纠正错误动作	①柔韧练习 ②腿部负重练习	①组合跑的专门练习 ②30~60米行进间跑 ③60~80米加速跑 ④负重训练

序次	时间（小时）	技术学习内容	专项素质训练内容	训练方法
3	2	学习蹲踞式起跑和速跑技术，提高 100 米跑的途中跑速度	发展反应速度、灵敏度	①组合跑的专门练习 ②各种反应速度和模仿起跑器练习 ③让距离追逐跑 ④60 米高速反复跑
4	2	学习途中跑和终点冲刺技术，复习起跑和加速跑的技术动作	①发展速度耐力素质 ②发展力量耐力素质	①组合跑的专门练习 ②反复练习起跑 ③练习 30 米加速跑 ④300～500 米中速跑接终点冲刺跑
5	2	体会 100 米跑全程跑各技术环节的衔接	①发展速度耐力素质 ②发展一般耐力素质	①组合跑的专门练习 ②反复练习 60 米全程跑 ③100 米+200 米全程跑
6	2	改进和提高全程跑技术，熟练掌握 100 米跑各阶段技术的衔接	发展腿部爆发力	①组合跑的专门练习 ②模拟比赛，按水平分组，反复跑 100 米/4～6 组 ③各种跳跃练习
7	2	自我测试，100 米计时跑	—	互相观察技术动作，纠正错误动作

（五）制定学员阶段训练任务

训练要求确定后，提出了满足训练要求的训练基本内容和身体训练任务。在制定身体训练任务时，应针对集体、个人和军事主管的任务，同时还要提出对设备的要求。

集体训练的任务是：发展学员的肌肉力量和耐力，提高学员的心肺功能以及发展学员的柔韧素质。

每个学员一周的训练任务包括：为发展肌肉力量和耐力，必须进行适当的力量循环练习、同伴拮抗练习和沙袋循环练习，同时还要进行屈腿硬拉练习以及俯卧撑、仰卧起坐练习；为发展心肺功能，要进行能力分组跑、间歇训练、行军练习；在完成这些个人任务的过程中，学员们应该监测自己的训练心率，并使自己的训练心率保持在一个适当的水平；为发展柔韧性，必须在平时训练的准备和整理活动中进行伸展练习。

在组织和监督学员的肌肉力量和耐力训练过程中，学员队的任务如下：

（1）每次肌肉力量或耐力训练应使身体的主要肌群得到锻炼。

（2）优先保证与完成军事任务有关的肌肉或肌肉群的训练。

（3）肌肉的力量和耐力素质较差的部位，是每次训练必须重点练习的部位。

（4）在学员体能标准测验中有问题的部分，应在有针对性的训练中加强练习。

（5）每次肌肉力量训练应持续 20～40 分钟。

（6）每一次肌肉力量练习应达到力竭为止。

（7）应遵循本书所写到的训练原则。

表 9-3-3 是一个制定一周身体训练任务的例子。

表 9-3-3　一周训练任务

集体	个人	军事主管	设备
提高肌肉力量和耐力	力量循环练习、同伴拮抗练习和沙袋循环练习，俯卧撑、仰卧起坐练习和单杠引体向上	组织力量循环练习、同伴拮抗练习和沙袋循环练习	体育训练场、沙袋、单杠器械
提高学员的心肺功能	能力分组跑、计算、监测训练心率 间歇训练（4×400 米跑）	组织和监测心肺功能练习、计算和监控训练心律、监控间歇训练的间隔时间	田径场跑道
发展学员的柔韧素质	伸展练习	组织和监控训练	体育训练场

（六）制定训练日程表

这一步的工作是制定身体训练日程表，表中列出每日训练的内容、训练的强度和持续的时间。表 9-3-4 是一个体能训练的日程表。

表 9-3-4　训练日程表　　　　　　　　　　　　　　　　课时数（4 学时）

序次	主要任务	教学内容	强度和量
1	体能恢复	①介绍强化体能训练阶段的教学任务 ②讲解体能教学训练的原则和方法 ③基本体能恢复	小
2	体能恢复 肌肉力量	①学习专项跑的练习 ②讲解体能教学训练的原则和方法 ③基本体能训练：俯卧撑、仰卧起坐和蛙跳	中
3	肌肉力量 心肺功能	①复习专项跑的练习 ②体能组合训练：蛙跳、高抬腿和 30 米加速跑 ③速度耐力跑练习	大
4	技术 心肺功能	①100 米专项跑的练习 ②学习 100 米起跑和加速跑 ③体能组合训练：立卧撑、折返跑、蛙跳、俯卧撑、蛇行跑和加速跑	大
5	技术 肌肉力量	①学习 100 米途中跑和终点跑 ②速度耐力跑练习 ③腰部和腿部力量练习	中
6	肌肉力量 心肺功能	①100 米全程跑练习 ②学习单杠练习 ③立位体前屈、单腿深蹲等素质练习	小
7	肌肉力量 心肺功能	①学习双杠练习 ②复习单杠练习 ③一般耐力练习（20 分钟越野跑）	中
8	肌肉耐力 心肺功能	①讲解 3000 米跑训练原则与方法 ②一般耐力练习 ③复习单、双杠练习	大

序次	主要任务	教学内容	强度和量
9	肌肉耐力 心肺功能	①学习3000米途中跑的技战术 ②专项耐力练习 ③复习单、双杠练习	中
10	肌肉耐力 心肺功能	①3000米耐力跑练习 ②体能综合练习 ③复习单、双杠练习	大
11	肌肉耐力 心肺功能	①3000米全程跑练习 ②复习单、双杠练习 ③复习立位体前屈、腰腹力量练习	小
12	肌肉耐力 柔韧能力	①3000米全程跑练习 ②复习单、双杠练习 ③体能综合练习	中
13	肌肉耐力 力量灵敏 能力	①3000米跑 ②体能组合练习 ③单、双杠练习	大
14	肌肉耐力 力量灵敏 能力	①长距离跑练习 ②体能综合练习 ③单、双杠练习	大
15	肌肉耐力 力量灵敏 能力	①长距离跑练习 ②体能综合练习 ③力量练习	中
16	体能调整	①3000米跑 ②力量练习	小
17	检查评估	①考核单双杠练习 ②考核3000米跑	中
18	体能调整	①短距离跑练习 ②综合力量素质练习	小
19	检查评估	①考核100米跑 ②考核立位体前屈 ③考核俯卧撑、仰卧起坐和单腿深蹲	中

注：教学重点应放在3000米和单、双杠项目上，应保持五次以上的练习课；空降兵应提高体能达标的标准

（七）实施和评估训练

实施和评估是训练过程的最后阶段，这一阶段包括检查身体训练计划的执行情况、评定体能情况、训练监控情况等内容，这几个方面应该同时进行，并保持连续性。为了客观反映训练效果，评估内容中必须包括存在的不足及其原因，并提出改进措施。为此，对训练效果的评估应包括下列内容：

（1）基本训练任务熟练程度。

（2）训练目标情况。

（3）集体和个人主要任务训练的状况。

（4）训练中存在的不足。

（5）提出下一阶段训练的建议。

（6）教育计划执行效果。

（八）具体的训练课时教案

课时教案编写是依据阶段性教学任务而来的，其编写的原则应依据训练的进度和要求进行编写。训练课的内容包括准备部分、基本部分和结束部分，应注意明确各部分的任务、内容安排、时间分配和衔接。下面是100米跑课时训练计划范例。

范例：100米跑课时训练计划。

训练课的目的和任务：①改进跑的技术；②发展速度。

1. 准备部分（20分钟）

目的：进行活动前的热身活动，拉开各关节的韧带，避免损伤。

内容：①慢跑800米；②行进间操；③单臂后振运动；④扩胸运动；⑤体侧运动；⑥俯背运动；⑦踢腿运动；⑧弓箭步压腿；⑨跑跳步练习；⑪跳跃运动。

2. 基本部分（60分钟）

总目的：提高跑速和改善跑进中的技术动作，发展快速奔跑的能力。

内容：（1）改进跑的专门性练习（15分钟）。

目的：增强腿部力量和改进脚的着地缓冲动作。

方法：①支撑高抬腿跑，50次×3组；②小步跑，30米×3组；③行进间高抬腿，30米×3组；④后蹬跑，30米×3组。

要求：练习方法采用循环练习法，由练习①~练习④循环进行，依次循环3轮。

（2）掌握和改进跑的基本技术（30分钟）。

目的：改进跑进中的技术。

方法：并列同步放松大步跑，60米×5组。

要求：练习时步幅大的和步频快的结合在一起，达到互相提高的目的。另外，体会和掌握跑的技术。

（3）发展速度（15分钟）。

目的：发展心肺功能，提高无氧耐力的能力。

方法：行进间30米计时跑，30米×6组。

要求：①用70%~85%的力量去跑；②要放松，快速摆臂，跑出弹性和节奏来。

3. 结束部分（10分钟）

目的：调整运动量，进行积极性的恢复。

内容：①放松整理运动（7分钟）；②总结并布置作业（3分钟）。

（材料来源：任文龙，郭建荣主编. 军事体育训练教程［M］. 西安：西北工业大学出版社，2008：76-87.）

思考题

1. 简述训练计划的目的、意义以及构成因素。

2. 制订训练计划的原则有哪些？

3. 训练计划包括哪些基本内容？

4. 为什么要制订训练计划？

第十章　常见伤病及预防

第一节　常见伤病

一、扭伤

扭伤是体能训练中发病率最高的一种运动性创伤，轻者关节囊肿、韧带撕裂，重者可致韧带断裂。常因学员猛然转身时，动作幅度过大、技术动作僵硬，或因比赛时（如篮球、足球），对方队员的冲撞等因素，关节活动超出其生理范围而引起的关节周围软组织损伤。如膝关节内侧韧带扭伤、急性腰扭伤、踝关节韧带扭伤等。

二、拉伤

拉伤是学员在训练或比赛中，由于准备活动不充分、技术动作不合理、肌群协调性差等自身原因所致的主要运动性创伤之一。当人体突然发力，由于肌肉强烈收缩或被动牵拉，加载于肌肉（肌群）上的牵拉应力或牵拉幅度，超过其能承受的范围时最易发生，可造成肌肉、跟腱突然撕（断）裂或肌膜附着处的撕脱性创伤。如常见的大腿后群肌拉伤，跟腱断裂等。

三、挫伤

挫伤是体能训练中，不慎跌倒或意外碰撞致伤的主要运动性创伤之一。如越野跑时不慎滑倒膝、肘着地，通过 400 米障碍的"洞孔"时，肩部与洞周围碰撞或膝部与地面碰撞和摩擦，都会引起相应部位的挫伤。有时，体育比赛激烈，对抗性增强时，双方队员的频繁身体接触、冲撞，或来自对方队员的伤害性行为（如用膝、肘部顶撞），也会引起此伤病的发生。如股四头肌挫伤就是进攻队员持球交叉跨步突破时，其大腿前外侧部受到对方防守队员膝部的顶撞而最易发生的运动性创伤。此类伤病可致肢体皮下脂肪、筋膜或肌肉、肌腱等软组织受到不同程度的损害。

四、陈旧性损伤

多由于急性受伤后治疗不当或不及时、新伤未愈重复受伤、慢性劳损（创伤）等因素所致，临床上多表现为病程长、疗效差、常复发，如腰肌劳损等。此类损伤在体能训练程度较高的 2 年级学员身上表现较为突出，对学员的情绪和在其他训练中的正常发挥均有较大的影响。

五、骨折和脱臼

骨折和脱臼类创伤常发生于体能训练过程中，因做某些空中动作（如卷身上、爬软网、攀岩等），不慎脱手落地发生意外，或落地时自我保护动作不合理（如失去重心落地，前臂后撑），或踩在不平的地面或石头上等致相应部位的骨折脱位。如常见的肩关节脱位、肘关节脱位、股骨骨折、第五趾骨结节骨折和掌骨骨折等。发生骨折的骨组织多为肢体受应力作用较集中部位的异形骨和短骨。在体育（如篮球）比赛中，学员也常因跳起抢篮板球或投篮等腾空动作后，被对方推挤失去重心或落地踩在他人脚上发生骨折。

第二节　原因分析

一、自身素质差

素质包括生理机能和心理状态。心理机能状态，如睡眠不好、疲劳、患病或伤病初愈等均可使体能训练者力量及动作协调性下降，注意力不集中，从而导致技术上的错误而致伤；心理状态，如心情不愉快，恐惧、胆怯或急躁情绪等都容易发生运动损伤。身体（体质）条件较差，是学员在体能训练初期容易受伤的一个重要内在因素。一般刚入学的学员，年龄小，身体尚不够结实，身体的力量、耐力、柔韧性均较弱；尤其是那些年龄较小、个子瘦高或瘦小，入学前又从未接受过身体训练，身体的协调性、自我保护能力很差的学员，更容易受伤。另外，长期生病或训练程度不高，或放假时间长，因体能素质下降，猛然训练，也容易受伤。

二、动作要领掌握不牢

技术动作错误，违反了人体结构功能的特点及运动时的力学原理而造成损伤，这是初训人员或学习新动作时发生损伤的主要原因。例如，做前滚翻时，因头部不正引起颈部受伤；投掷手榴弹时，在上臂处发生肱骨骨折等。

三、保护措施不当

运动场地不平，有小碎石或杂物；跑道太硬或太滑；沙坑没掘松或有小石头，坑沿高出地面，踏跳板与地面不平齐；器械维护不良或年久失修，表面不光滑或有裂缝；器械安装不牢固或安放位置不妥当，器械的高低、大小或质量不符合训练者的年龄、性别特点，缺乏必要的防护用具（如护腕、护踝、护腰等）；训练时的服装和鞋袜不符合训练卫生要求；等等。此外，环境因素，如海拔过高、缺氧、阴暗天气光线不足、高温或寒冷潮湿等，都会影响体能训练者的健康而造成损伤。

四、训练安排不科学

（一）准备活动不当

准备活动的目的是使神经系统、运动系统和内脏器官充分动员，逐渐进入工作状态以适应正式运动的需要。首先，如果未做准备活动或准备活动不充分，都会使肌肉的力量、弹性和伸展性不够而致伤。其次，如果准备活动量过大、准备活动与专项运动结合得不好或未做专项准备活动及准备活动未遵守循序渐进的原则等都容易受伤。

（二）未遵守科学的训练原则

科学的训练原则，就是严格遵循训练的客观规律，按照机体负荷大小与应激程度的适应性规律，合理安排系统计划。主要包括系统性和循序渐进原则、个别对待和巩固的原则、自觉性和积极性原则等。目前最常见的错误是不顾年龄大小、性别差异、训练程度好坏及伤病情况等，盲目采用大运动量或单打一的训练方法，严重违反机体对负荷的适应性规律，许多体能训练者因此受伤而中止训练。

第三节　预防措施

一、循序渐进，合理安排

合理安排体能训练的运动负荷量，切实贯彻循序渐进的训练原则，避免训练负荷强度过分集中于身体的某一部位或某一系统，能有效地预防训练伤病的发生。例如，在学员新入学的体能训练中，跑步和跳跃类的训练内容就不能过分集中（如1天、1周都进行高强度的这类训练）；如果过分集中，训练过程中势必造成下肢负荷过重，轻者出现胫骨疲劳性骨膜炎，重者可发展为胫骨的隐性应力性骨折，最后在跑步时，一旦摔跤就会发生胫骨骨折。因此，制订和实施体能训练计划时，一定要讲究合理安排训练内容，科学搭配练习项目和部位，避免发生训练伤病。

二、科学施训，严密组织

科学训练包括五大要素，即全面性、渐进性、个别性、反复性、意识性，前三个要素对预防损伤较为重要。全面性是指训练者应对体能进行全面训练，而不是单纯针对某一特定动作的反复练习；渐进性是指训练者应逐步提高运动负荷和增加训练时间，以防机体一时不能适应而导致运动损伤；个别性是指训练必须因人而异，性别、年龄、体力、技术熟练程度不同，活动量和方法也应不同。

三、加强监督，注意引导

加强医务监督既是科学化训练的重要组成部分，也是使训练顺利进行的医学保障。这项工作主要包括三个环节：

（1）督促和检查学员的自我鉴别，使他们养成自测晨脉、书写训练日记的良好习惯。女性学员还应记录月经的情况，使自我医务监督习惯化和制度化。

（2）机能诊断是监控运动负荷的科学依据。在学员体能训练过程中，要成功地运用科学的理论、科学的方法及先进的技术对学员进行生理、心理指标测试，以探索体能训练中这些指标变化的规律，并将测试结果及时反馈给学员和教官，为确保体能训练的正常进行、杜绝病理现象的发生起到应有的作用。主持体能训练的士官或分队军官，应注意观察战士在训练中和训练后的机能反应，如训练时的动作灵敏性、反应速度、协调性等。一旦发现异常反应，应及时采取相应的调整措施，如降低运动强度等。另外，每次训练前，还应有意识地检查一下训练场地、器材的安全性能，尤其是在较为陌生的环境进行训练时，要高度重视，以防止意外伤害的发生。

（3）每学期的开训前，应对学员进行一次常规医学检查。对指战员的整体身体机能状况，进行评价。若发现异常情况，及时采取相应的处理措施。

四、强化意识，自我保护

强化学员的自我保护意识，注意学员保护与自我保护基本技能的训练，既是优秀体能训练士官的特征之一，也是现代体能训练课的一个教学环节。它对于积极预防训练损伤，具有非常重要的作用。

（1）自我保护意识。即在进行某训练项目时，对完成动作本身或场地器材不符合要求所包含的危险性的估计，以及在比赛过程中，对对方可能的伤害性动作（如快攻突破上篮时，对方队员可能从身后做"推人"的动作）的预见，即思想上始终应有一根安全意识的"弦"。当然，也不要因怕受伤而不敢拼搏和完成技战术动作。

（2）自我保护动作。即在完成技术动作后等紧接着的自我保护动作（如因前冲力太大落地后的前滚翻）。另外，在比赛中，抵抗对方伤害性动作的能力、有效地"避开""化解"或"扛住"来自对方队员的伤害性行为的技巧，也是自我保护动作的重要内容。

（3）保护与帮助。在训练中（如攀登），适当的保护与帮助对于增强练习者的信心，避免意外事故的发生是非常必要的。一般情况下，单人保护者应站在自己便于发力帮助的器械一侧；双人保护者应分别站在器械的两侧（如单杠的保护）。

第十一章　运动处方

第一节　运动处方的基本内容

一、运动处方的概念

运动处方概念最早是美国生理学家卡波维奇在 20 世纪 50 年代提出的。20 世纪 60 年代以来，随着康复医学的发展、对冠心病等疾病的康复训练的开展，运动处方开始受到重视。1969 年，世界卫生组织开始使用运动处方术语，并在国际上得到认可。

运动处方是指根据参加锻炼者的年龄、性别、健康状况和体适能水平，以处方的形式确定其运动目的、运动形式、运动强度、运动时间、运动频率和注意事项的系统性、个性化的运动方案。它是健身活动者进行身体活动的指导性条款。运动处方通常由医生、康复治疗师、社会体育指导员或体育工作者给患者、运动员或健身锻炼者开出，就如同临床医生根据病人的病情开出不同药物和不同用量的处方一样，故称为运动处方。

二、运动处方的特点

（一）目的性强

运动处方有明确的远期目标和近期目标，运动处方的制定和实施都是围绕运动处方的目的进行的。

（二）计划性强

运动处方中运动的安排有较强的计划性，在实施运动处方的过程中容易坚持。

（三）科学性强

运动处方的制订和实施过程是严格按照康复体育、运动医学、运动学等学科的要求进行的，有较强的科学性。按运动处方进行锻炼，能在较短的时间内取得较明显的健身和康复效果。

（四）针对性强

运动处方是根据每一个参加锻炼者的具体情况而制订和实施的，有很强的针对性，康复效果较好。

（五）普及面广

运动处方简明易懂，容易被大众所接受。

三、运动处方的分类

根据运动处方对应的对象和目的不同，可分为健身运动处方、竞技运动处方和康复运动处方三类。

（1）健身运动处方。健康人进行运动处方锻炼，以提高体适能，促进健康，预防运动缺乏病（高血压、冠心病、糖尿病、肥胖症等）为目的。主要包括有氧适能运动处方、肌适能运动处方和控制体重运动处方。

（2）竞技运动处方。专业运动员进行运动处方训练，以提高专业运动成绩为目的。主要包括：发展爆发力运动处方、发展灵敏协调性运动处方。

（3）康复运动处方。患者或功能康复者进行运动处方锻炼，以辅助治疗和康复为目的。主要包括糖尿病运动处方、小腿功能康复运动处方。

四、制定运动处方的基本原则

（一）科学性原则

所设计的运动处方必须符合人体的生理和心理特点，运动处方中的运动时间和运动强度要符合处方对象的身体特点及健身重点要求。

（二）个别对待原则

要根据每个人的具体情况，制定适当的运动处方；必须因人而异，切忌千篇一律。要根据每一个参加锻炼者或病人的具体情况，制定出符合个人身体客观条件及要求的运动处方。不同的疾病，运动处方应有所不同；同一疾病在不同的病期，运动处方应有所不同；同一人在不同的功能状态下，运动处方也应有所不同。

（三）趣味性原则

兴趣是锻炼的原动力，运动处方中选择搭配的运动内容要有趣、多样，切忌枯燥的训练式运动处方。

（四）调整性原则

运动处方使用一段时间后，要根据锻炼者适应的情况和体质状况进行及时调整。

（五）有效性原则

运动处方中运动强度和运动量的安排要保证对机体刺激有效，运动处方的制定和实施应使参加锻炼者或病人的功能状态有所改善。在制定运动处方时，要科学、合理地安排各项内容；在运动处方的实施过程中，要保质保量认真完成锻炼。

（六）安全性原则

按运动处方运动，应保证在安全的范围内进行，若超出安全的界限，则有可能发生危险。在制定和实施运动处方时，应严格遵循各项规定和要求，以确保安全。

第二节　运动处方的基本格式

运动处方包括运动项目、运动强度、运动时间、运动频度以及注意事项等。

一、运动项目的分类

运动处方的运动项目可分为以下三类。

（一）耐力性（有氧）运动

耐力性（有氧）运动是运动处方主要的和最基本的运动手段。在治疗性运动处方和预防性运动处方中，主要用于心血管、呼吸、代谢、内分泌等系统慢性疾病的康复和预防，以改善和提高心肺、代谢、内分泌等系统的功能。

有氧运动的项目有步行、慢跑、走跑交替、上下楼梯、游泳、室内功率自行车、步行车、跑台、跳绳、球类运动等。

（二）力量性运动

力量性运动在运动处方中，主要用于运动系统、神经系统等肌肉神经麻痹或关节功能障碍的患者，以恢复肌肉力量和肢体活动功能为主。在矫正畸形和预防肌力平衡破坏所致的慢性疾病的康复中，通过有选择地增强肌肉力量、调整肌力平衡，从而改善躯干和肢体的形态和功能。

力量性运动根据其特点可分为：电刺激疗法（通过电刺激，增强肌力，改善肌肉的神经控制）、被动运动、助力运动、免负荷运动（即在减除肢体重力负荷的情况下进行主动运动）、主动运动、抗阻运动等。抗阻运动包括：等张练习、等长练习、等动练习和短促最大练习（即等长练习与等张练习结合的训练方法）等。

（三）伸展运动及健身操

伸展运动及健身操的主要作用有放松精神、消除疲劳、改善体型、防治高血压及神经衰弱等。

二、运动强度

运动强度是运动处方的核心及设计运动处方中最困难的部分，需要适当的监测来确定运动强度是否适宜。

运动强度是指单位时间内的运动量，即运动强度=运动量/运动时间。而运动量是运动强度和运动时间的乘积，即运动量=运动强度×运动时间。运动强度是以功能的百分数来表示，运动强度可根据最大吸氧量的百分数、梅脱、心率、自觉疲劳程度等来确定。

身体练习必须达到一定的强度才能获得效果，随着运动强度的增加，运动所获得的健康体适能益处也会增加。为了获得体适能益处，推荐的最小运动强度至少是中等强度的运动。评价运动强度的指标常用的有梅脱、摄氧量、心率、自感用力程度等。

（一）梅脱

梅脱是安静时人体平均耗氧量值。机体的耗氧量与身体活动时的能耗量成正比，静息状态下耗氧量相对值为 3.5 毫升每千克每分钟或者 1 千卡每千克每小时，即为 1 梅脱（MET）。MET 与运动频率、练习次数结合可以评价运动量。

（二）摄氧量

（1）最大摄氧量百分比（percentage of maximal oxygen uptake，简写为"% VO_2max"），指任一身体活动的摄氧量占个体最大摄氧量的百分比。这种表示方法在过去常被用于有氧活动强度的标准化处理，但最近更多的是使用摄氧量储备百分比（percentage of oxygen reserve，简写为"% VO_2R"）表示。

（2）VO2R 是指任一身体活动的净摄氧量与最大摄氧量储备的百分比。

尽管用摄氧量的百分比来表达运动强度一直是运动生理学的经典方法，尤其在学术领域。但是，对于普通健身者自我监控来说，此法现实操作中显得不可行。因此，对于运动强度的评价，现实中更为普遍地采用心率法。

（三）心率法

（1）最大心率百分比（percentage of maximal heart rate，简写为"% HRmax"），即运动

时的心率与本人最高心率的百分比。由于动力性活动时心率的变化与 VO_2 变化成线性相关，因此，长期以来许多科研人员和临床医生在计算运动强度时用 %HRmax 来预测和估计 VO_2max，即评价身体活动的运动强度。若没有直接测定最大心率的条件，可通过公式计算：最大心率 = 220 - 年龄。

（2）心率储备百分比（percentage of heart rate reserve，简写为"%HRR"）。HRR 是个体最大心率与安静时心率的差值，而 %HRR 是指任一身体活动时的净心率变化占 HRR 的百分比。

（四）自感用力程度

自感用力程度是采用运动强度知觉量表（rating of perceived exertion，简写为"RPE"）来评价运动强度。该量表是 1962 年由瑞典生理学家 Borg 制定的判别主观强度知觉水平的量表，受试者在 RPE 表中报告的强度知觉等级数乘以 10 即为进行体育锻炼时的心率。

三、运动时间

运动时间包括运动的持续时间和运动在一天中的时间安排。运动的持续时间是指除了必要的准备活动与整理活动外每次运动的持续时间。运动持续时间与运动强度关系密切，二者共同决定了总的运动量，即总运动量 = 运动强度 × 运动持续时间。研究表明，有氧适能锻炼的健身运动处方一般要求运动强度达到靶心率后，至少持续运动 15 分钟。美国运动医学学会（ACSM）推荐持续 20 ~ 60 分钟。在肌肉力量训练中，采用短时间高强度的运动较为有效。

就一天的锻炼时间而言，医学研究表明，人的各种生理活动是按一定的时间节律进行的，即受人体生理的控制。人体在下午时段的视觉、听觉、味觉等均非常活跃和敏感，心率、血压平稳，心输出量、心做功量、肺活量等指标都达到一天中的最高水平，人的体力、身体的适应能力、协调能力以及敏感性均在下午时段表现出较好的水平，因此这一段时间适宜进行体育锻炼。当然，由于工作、学习、生活等的时间所限，并不是每个人都能选择每天的最佳时间进行锻炼。但是，即使不是在最佳的时间运动，也比长时间不进行体育锻炼对身体的益处多。

四、运动频度

在运动处方中，运动频度常用每周的锻炼次数表示。运动频度取决于运动强度和每次运动持续的时间。一般认为，每周锻炼 3 ~ 4 次，即隔 1 天锻炼 1 次，这种锻炼的效率最高。最低的运动频度为每周锻炼 2 次。运动频度更高时，锻炼的效率增加并不多，而有增加运动损伤的倾向。小运动量的耐力运动可每天进行。

力量练习的频度一般为每日或隔日练习 1 次，伸展运动和健身操的运动频度一般为每日1~2 次。

五、运动处方的格式

目前，运动处方的格式没有统一的规定，但运动处方应全面、准确、简明、易懂。运动处方应包括以下内容：①一般资料；②临床诊断结果；③临床检查和功能检查结果；④运动实验和体力测验结果；⑤运动的目的和要求；⑥运动项目；⑦运动强度；⑧运动时间；⑨运动频度；⑩注意事项；⑪医师或教练签名；⑫复查日期；⑬运动处方的制定时间。

第三节　运动处方的实施

一、准备活动部分

通过做准备活动使身体机能由相对安静的状态过渡到适宜强度的状态。该阶段的任务是，通过准备活动提高神经中枢和肌肉的兴奋性；动员和加强心脏活动和呼吸机能，增强肌肉的血液供应量；使体温适当升高，提高酶的活性，加快生化反应过程；使肌肉黏滞性下降，弹性增强，防止受伤，加强体内物质代谢过程，为机体进行正式训练做准备。

准备阶段的时间一般在 10 分钟以上，根据年龄、季节和运动水平等情况可适当增减。青少年神经系统灵活，准备活动时间可少些；寒冷季节准备活动时间可长些；运动水平低的体弱者，准备活动的强度和运动量不宜过大，时间也可短一些；高水平的耐力性项目运动准备活动时间可长些，有的要达到 30 分钟。

准备活动的量与强度应低于正式活动，活动的形式通常为先做一些伸展性的柔软体操，依次活动身体各部位关节，再做一些轻松的节律性运动，逐渐增大运动幅度和速度，使心血管及呼吸系统的机能逐渐动员，直至接近正式活动的强度。

二、基本部分

运动处方的基本部分是运动处方的主要内容，是达到康复目的的主要途径。运动处方基本部分包括运动内容、运动强度、运动时间等，应按照具体运动处方的规定实施。

三、整理活动部分

每一次按运动处方进行锻炼时，都应安排一定内容和时间的整理活动。整理活动的主要作用是，避免出现因突然停止运动而引起的心血管系统、呼吸系统、植物神经系统的冠状，如头晕、恶心、"重力性休克"等。常用的整理活动有散步、放松体操、自我按摩等。整理活动的时间一般为 5 分钟左右。

在运动处方的实施过程中，应注意对运动强度的监控。采用的方法有自觉疲劳分级、靶心率等。

在运动处方的实施过程中，健康学员应进行自我监督，对治疗性运动处方的实施应进行医务监督。

四、运动处方举例

腰肌劳损又名腰背肌肉筋膜损伤综合征，是指没有明显外伤史的腰部软组织损伤；或因急性腰部软组织损伤未痊愈而遗留腰痛；或反复多次的微细损伤积累，这是引起腰痛的最常见原因。

（一）运动处方对腰肌劳损的作用

（1）腰部运动可增强腰部肌肉力量和延长肌肉能承担负荷所持续的时间。

（2）腰部运动可以改善局部血液循环，消炎止痛，增强身体抗病力，恢复肌肉韧带弹性，松解粘连，使硬结组织软化，防止肌肉萎缩，纠正不良姿势，等等。

（二）腰肌劳损的运动处方

运动目的：增强肌肉力量，促进血液循环，加快劳损部位康复。

运动种类：以力量练习为主。

（1）团身抱腿：仰卧，双手上举，收腹屈腿，双手抱住小腿，大腿贴胸，同时上体随着抬起，还原成仰卧，反复做16~32次。也可配合做团身滚地动作；也可只屈一腿，另一腿伸直。动作频率可随患者身体条件的好转而逐步提高。

（2）收腹举腿：仰卧，双手抱头做直腿屈髋上举动作后，还原成仰卧姿势。动作可快可慢，反复做16~32次。

（3）仰卧起坐：仰卧，双手抱头，抬起上体成体前屈，还原成仰卧，速度不限，反复做16~32次。也可将收腹举腿与仰卧起坐结合起来做成两头抬起的动作。

（4）仰卧架桥：屈腿仰卧床上，身体尽量挺起，抬起胸腹部，也可加上两手掌反撑床上成桥形，然后放下，反复做10~20次。开始做时速度要慢，抬起高度要低，次数要少，避免再次损伤。

（5）俯卧背伸：俯卧床上，手扶床头，向后抬起双腿；或固定双腿，抬起上体；或两头同时抬起，反复做10~20次。注意循序渐进，逐渐加大难度。

运动强度：要求动作规范，但速度不要太快。

运动持续时间：每次锻炼持续20~30分钟，不宜在疲劳时练习。

运动频率：每天一次或隔天一次。

表11-3-1为学员腰肌劳损运动处方。

表11-3-1 学员腰肌劳损运动处方

姓名	性别	年龄	日期
临床检查结果：			
机能检查结果：			
运动实验结果：			
体力测验结果：			
运动目的：	增强肌肉力量，促进血液循环，加快劳损部位康复		
运动内容：	以力量练习为主		
运动强度：	要求动作规范，但速度不要太快		
运动时间：	20~30分钟		
运动频率：	每天一次或隔天一次		
注意事项：	①腰部功能锻炼，一定要量力而行，循序渐进，从增长锻炼时间过渡到逐步增大强度 ②为了防止腰肌劳损的发生和复发，除平时要加强腰背肌锻炼，注意天气变化，夏天不要贪凉，还要注意训练、生活中的正确姿势和用力方法以免加重病情		
处方者签名			

思考题

1. 如何预防肌肉拉伤？

2. 运动处方的基本内容有哪些？

3. 制定运动处方时应遵循哪些原则？

第十二章　身体素质评定

第一节　速度评定

速度素质是指人体进行快速运动的能力。根据表现形式，速度可分为位移速度、动作速度和反应速度三类。位移速度是指人体在单位时间内移动的距离；动作速度是指人体完成某个动作的时长；反应速度是指人体对各种信号刺激（声、光、触觉等）的反应时。

一、位移速度测评

位移速度测评主要有定距计时和定时计距两种方法。定距计时法主要有 30 米跑、50 米跑、60 米跑、100 米跑及 30 米途中跑等；定时计距法主要有 4 秒冲刺跑、6 秒冲刺跑等。

（一）30 米跑

1. 测量三性

有效性可接受，可靠性 0.90，客观性 0.97。

2. 场地器材

30 米跑道（地面平坦，路线清晰，终点应有 10 步缓冲距离）、发令旗、哨子、秒表（误差不得超过 0.2 秒/分钟）、冲刺带。

3. 测量方法

受试者至少 2 人一组，以站立式姿势起跑。听到信号后快速冲向终点。不得抢跑或串道。测验时，一人组织发令，一人计时及记录。测 2 次，记录完成时间（精确至 0.1 秒），取最佳成绩。

4. 评价标准

表 12-1-1 为男生 30 米跑测验评价表。

表 12-1-1　男生 30 米跑测验评价表

等级	成绩（秒）
优	4.2 及以下
良	4.3~4.5
中	4.6~4.8
下	4.9~5.0
差	5.1 及以上

二、动作速度测评

动作速度的测评主要有两手快速敲击、坐姿快速踏足、10秒踏自行车、手掌轻拍、手指轻扣以及原地高抬腿等方法。

1. 测量目的

测量受试者两手快速交替重复特定动作的能力。

2. 测量三性

具有内容有效性，可取性为0.935，客观性未报道。

3. 场地器材

金属敲击棒两支（与测试车配套使用）、快速动作频率测试车、时间计数自动控制器。

4. 测量方法

受试者站在测试车前，调节金属触板与其髋同高。令受试者两手各执一支金属棒，用食指按着棒的前端（以免敲击时棒杆弹动）。听令后，两手快速交替敲击金属触板。测2～3次，每次10秒。记录计数器的数值（10秒内重复次数），取最佳成绩。表12-1-2为男生两手快速敲击测验评价表。

表12-1-2 男生两手快速敲击测验评价表

统计量	15～17岁	18～20岁
平均值	93.2	94.7
标准差	16.7	14.7

三、反应速度测评

（一）全身跳跃反应时

1. 使用仪器

反应时测定器、提示部（含三脚架）、跳台（含垫式开关）。

2. 测量方法

受试者站在跳台上，膝关节微屈，注视提示部发射信号的地方。测试人员按下开始按钮后3～6秒，提示部信号发射处的红色灯光闪亮。此时受试者尽可能快地垂直跳离跳台。随后受试者再次做好测试准备，等待下一个信号的出现。每次测试需完成5个信号的应答。测定器分别记录从信号出现到脚完全离开垫式开关的5次时间，取5次平均值，以毫秒为单位（正式测试前，试做1到2次）。

（二）选择反应时

1. 使用仪器

电子反应时测试仪。测试台上含有显示屏、1个启动键和5个信号键（在启动键上方，以启动键为圆心呈扇形摆放）。

2. 测量方法

测试人员打开电源开关，显示屏上显示出"FYS"字样，表明测试仪进入工作状态。开始测试时，受试者五指并拢伸直，用中指远节按住启动键。当任意一个信号键发出信号时（声、光同时发出），受试者用按住启动键的手以最快速度按向该信号键。然后，再次按住启动键，等待下一个信号发出。每次测试须完成 5 个信号的应答。当所有信号键同时发出声、光信号时，表示测试结束，显示屏上显示测试值。测试 2 次，记录最小值，以秒为单位，保留小数点后 2 位。

3. 注意事项

（1）受试者不要用力拍击信号键。

（2）按住启动键直至发出信号才能松手。

（3）按启动键开始下一次测试。

（三）手反应时

1. 测量目的

测量受试者手部对视觉刺激的反应速度。

2. 测量三性

测验本身具有有效性，可靠性为 0.89，客观性为 0.99。

3. 场地器材

计时尺或塑料尺、桌椅。

4. 测量方法

受试者将常用手置于桌边，虎口向上，拇指与食指成"U"形，拇、食指平齐。测试者置尺的末端与受试者虎口上缘平齐，叮嘱受试者注视醒目区。当尺下落时，受试者迅速用手指捏住落尺，记录手指上缘触尺处的读数。测验可用手动或磁吸控制，要求受试者的手不得上下移动，测 20 次。去掉 20 次测验中最好和最差的成绩各 5 次，取其中 10 次的平均数为最终成绩。

5. 注意事项

（1）不要让受试者摸到计时尺下落的时间规律。

（2）测量时，受试者注意力应集中。

（3）受试者不得看测试人员的手，不得有预捏动作。

（4）测量前，应让受试者进行练习，熟悉方法和要求。

第二节　肌肉力量评定

肌肉力量是完成一切日常活动、体力劳动和体育活动的基础，为健康体适能的重要内容之一。肌肉力量的测试方法分为两种：一种为测定肌肉一次用力收缩时所产生的最大力量，以测定肌肉最大力量为主；另一种是测定肌肉在相当大的负荷下重复收缩的次数或持续的时间，以测定肌肉的力量为主。其中最大力量评价可分为三种形式：等长收缩，一般采用弹簧式或传感式张力计检测，如握力计、背力计；等动（或等速）收缩，是肌肉常见的收缩形式；等张收缩，对于普通人群来说，该标准可以采用测量 3-RM 或 5-RM 的最大肌力评价方法。

不同性别、不同年龄的人采用的测评指标不同。用于测评肌力的指标有：握力、俯卧撑、跪卧撑、双手前投实心球、仰卧起坐、仰卧举腿、俯卧背伸、立定跳远、纵跳等。美国替代医学学院（ACAM）推荐普通人群的标准评价方法是俯卧撑和仰卧起坐。当肌肉力量相对较大时，可利用专门的仪器设备如等速测试仪器进行肌力测量。

一、握力

（一）测试方法

用握力计测试。测试时，受试者转动握力计的握距调节钮，调至适宜握距，然后用有力手持握力计，身体直立，两脚自然分开（同肩宽），两臂自然下垂，开始测试时，用最大力紧握上下两个握柄。测试 2 次，取最大值，记录以千克为单位，保留小数点后一位。

（二）注意事项

用力时，禁止摆臂、下蹲或将握力计接触身体。如果受试者分不出有力手，双手各测试 2 次。

（三）评价标准

表 12-2-1 为男生握力测验评价表。

表 12-2-1 男生握力测验评价表

握力		优	良	中	下
相对力量	右手	1.26 以上	1.23～1.25	0.92～1.12	0.77～0.91
	左手	1.23 以上	1.12～1.22	0.90～1.11	0.76～0.89
绝对力量	右手	50.5 以上	46.0～50.0	38.5～45.5	31.5～38.0
	左手	48.0 以上	43.0～47.5	35.0～42.5	29.5～34.5

二、纵跳摸高

1. 场现器材

纵跳测量板（标有刻度，安置于墙上）、钢卷尺（或皮尺）、白粉末。

2. 测量方法

受试者常用手的中指粘些白粉末，身体直立，常用手这一侧靠墙，手臂上举，手伸直；另一手自然下垂。先测其原地摸高的高度，然后令受试者离墙 20 厘米用力跳起摸高。测试者测其手触点的高度，记录读数（厘米），测 3 次。用最大值减去原地摸高值即为测量成绩。

3. 评价标准

表 12-2-2 为男生纵跳测验评价表。

表 12-2-2 男生纵跳测验评价表

等级	成绩（厘米）
优	66 及以上
良	61～65
中	51～60
下	46～50
差	45 及以下

三、1分钟仰卧起坐

（一）测试方法

测试时，受试者仰卧于水平放置的垫子上，双腿稍分开，屈膝呈90°，双手手指交叉抱于脑后，由同伴压住双脚以固定下肢。测试者发出"开始"口令的同时开表计时，受试者快速起坐，双肘触及或超过双膝，然后还原为仰卧，双肩胛触垫一次为完成一次。记录1分钟完成的次数。

（二）注意事项

调试时，如果受试者借用肘部撑垫的力量完成起坐及双肘未触及或超过双膝，该次不计数；计数人员要随时向受试者报告完成的次数。

（三）评价标准

表12-2-3为男生屈膝仰卧起坐测验评价表。

表12-2-3　男生屈膝仰卧起坐测验评价表

等级	成绩（次）
优	85及以上
良	63~84
中	42~62
下	32~41
差	31及以下

四、俯卧撑

（一）测试方法

测试时，受试者双手撑地，手指向前，双手间距与肩同宽，身体挺直，屈臂使身体平直下降至肩，与肘处于同一水平面，然后将身体平直撑起，恢复至开始姿势为完成1次。记录次数。

（二）注意事项

测试时，如果身体未保持平直或身体未降至肩与肘处于同一水平面，该次不计数。

（三）评价标准

表12-2-4为男生俯卧撑测验评价表。

表12-2-4　男生俯卧撑测验评价表

等级	成绩（次）
优	34及以上
良	28~33
中	21~27
下	15~20
差	14及以下

五、等速肌肉力量测试

（一）测试常用项目

测试常用项目主要有等速测试，等速运动是指在关节运动过程中，运动速度一旦预先设定，无论受试者肌肉收缩产生多大的张力，肢体的运动始终在某一预定的速度（等速）下进行，肌肉张力大小的变化并不能使肢体产生加速或减速（运动开始和末了的瞬时加速度和减速度除外）的一种运动，即恒定速度运动。由于等速测试是在特定的测力仪器上进行，所以测试项目由仪器的设计来决定。多数等速测试仪器可以提供肩、肘、腕、髋、膝、踝在其可能的关节活动范围内的肌肉力量测试和训练功能，有些系统还配有腰背测试功能。

（二）测试指标及其意义

1. 峰力矩

峰力矩指肌肉收缩时产生的最大力矩输出，在力矩-关节活动角度曲线或力矩-时间曲线中表现为曲线最高点的力矩值。在等速肌力测试中，峰力矩具有较高的准确性和可重复性，被视为等速肌力测试的黄金标准和参照值。对肢体运动速度与峰力矩的关系研究多集中于等速向心收缩，峰力矩会随肢体运动速度的增加而减小。

2. 峰力矩角度

峰力矩角度指在力矩-关节活动角度曲线中，峰力矩所对应的角度。

3. 指定角度峰力矩

指定角度峰力矩指在指定角度的力矩值。对于康复计划制订者，了解这个指标要比了解峰力矩角度更有用，因为在某个角度范围的肌肉力量可以更好地反映特定肌肉的功能。

4. 主动肌与拮抗肌峰力矩比值

这个比值只在相对抗的两组肌肉都做内心收缩成离心收缩的测试时才有意义，它是关节稳定性的评价指标。

5. 疲劳指数

疲劳指数指肌肉重复收缩时的耐疲劳能力，是在肌肉耐力测试时评价肌肉耐力的指标。不同的测力系统，计算疲劳指数的方法各不相同。一般是以一组耐力测试的后 1/3 部分收缩的平均峰力矩除以前 1/3 部分收缩的平均峰力矩，再乘以 100%。

6. 单次最大做功

单次最大做功指肌肉重复收缩中最大的一次做功量。

7. 总做功

总做功指肌肉重复收缩做功量。在正常状态下肌肉收缩做功量与峰力矩值具有较好的一致性，但影响肌肉做功量的另外一个重要因素是关节活动范围，所以，在比较肌肉做功的指标时，应对关节活动度先有一个统一的标准。

8. 关节活动度

关节活动度指在测试过程中关节活动的最大范围。

9. 力矩加速能

力矩加速能指肌肉最初收缩 1/8 秒的做功量。它反映肌肉最初收缩产生力矩的速率和做功的能力，是评价肌肉收缩的爆发力指标。

（三）等速肌力力量测试的适用条件及优点

等速运动技术在肌肉功能测试上具有定量化及很好的准确性和可靠性，在肌力训练上由于角速度恒定，可使肌纤维的收缩力和张力在收缩期间保持平衡，既可防止肌肉损伤，又可较好地发展肌力，故具有高效合理和安全的优点。但等速训练也有不足，如必须借助较昂贵的仪器、测试程序的相对复杂性。如果受试者肌力不能对抗阻力运动，就无法进行等速肌肉力量测试或训练，就要考虑其他的评估方法。

第三节　耐力评定

耐力是指机体长时间进行肌肉活动并对抗疲劳的能力。耐力的测评通常有以下几方面：

（1）定量计时。以完成特定动作（或距离）的时间作为区分优劣的测验。

（2）定时计量。以在单位时间内完成规定动作的次数，或在规定的时间内尽可能跑较长的距离从而区分优劣的测验。

（3）极限式。对受试者竭力完成规定动作或距离的测验。

另外，还可采用台阶法、功率自行车法等来测量最大摄氧量（心肺功能），以测验受试者的耐力素质。

注意事项：①做必要的宣传工作，鼓励受试者尽力完成测验；②进行肌肉耐力测量时，每个测试者负责一名受试者的测量，并及时、明确地指出错误动作，错误动作不计次数；③测一次，测量后自行放松。

一、定量计时测评

测评受试者的一般耐力常用的定量计时方法有：800 米（女）、1000 米、1500 米、3000 米等。400 米跑用于测评速度耐力。

（一）1500 米跑

1. 场地器材

400 米田径场、秒表、哨子、发令枪（旗）、终点带。

2. 测量方法

受试者站于起跑线后，听信号后即以站立式起跑，要求尽快完成 1500 米跑，测 1 次。记录受试者完成测验的时间（秒）。

3. 评价标准

表 12-3-1 为男生 1500 米测验评价表。

表 12-3-1　男生 1500 米测验评价表

等级	成绩
优	5 分钟 38 秒及以下
良	5 分钟 39 秒~6 分钟 59 秒
中	6 分钟 60 秒~6 分钟 45 秒
下	6 分钟 46 秒~7 分钟 15 秒
差	7 分钟 16 秒及以上

（二）400 米跑

1. 场地器材

400 米田径场、秒表、哨子、发令枪（旗）、终点带。

2. 测量方法

受试者站立于起跑线后，听信号后即以站立式起跑，要求尽快跑完所规定的距离，测 1 次。记录受试者完成测验的时间（秒）。

3. 评价标准

表 12-3-2 为男生 400 米测验评价表。

表 12-3-2 　男生 400 米测验评价表

等级	成绩
优	58 秒以下
良	58 秒~1 分钟 4 秒
中	1 分钟 5 秒~1 分钟 11 秒
下	1 分钟 12 秒~1 分钟 18 秒
差	1 分钟 18 秒以上

二、定时计量测评

常用的定时计量测评耐力素质的方法有 6 分钟跑、9 分钟跑、12 分钟跑、15 分钟跑等。1 分钟仰卧起坐常用于测评受试者的力量耐力。

三、极限式测评

常用的极限式测评耐力素质的方法有：俯卧撑、极限仰卧起坐、极限立卧撑、引体向上、双臂屈伸等。屈臂悬垂、手倒立、俯卧背伸计时等常用于测量静力耐力，测验成绩是记录受试者保持正确动作姿势的时间。

（一）极限立卧撑

1. 场地器材

平地。

2. 测量方法

受试者并腿直立为开始姿势，屈膝至蹲撑，两脚后撤伸直成俯撑，再收腿成蹲撑姿势，然后站起还原成开始姿势。按此方法做至力竭，计其正确完成动作的次数。测一次。

3. 要求

下蹲时手撑地之处距足过远、俯卧时身体不直、屈肘、收腿距手过远、站立不直等，均不计其次数。

4. 评价标准

评价标准见表 12-3-3。

表 12-3-3　立卧撑评价标准

等级	成绩（次）
优	220 及以上
良	160~219
中	101~159
下	61~100
差	60 及以下

（二）俯卧背伸计时

1. 场地器材

床（或桌子）、秒表。

2. 测量方法

受试者俯卧于床（或桌子）上，脐部与床边齐平，使躯干悬空，两手交叉置于头后。测试者一人双手压住受试者的小腿，另一人一手持表计时、一手托住受试者的躯干。受试者尽力抬起悬空的躯干。持表者发出"预备——开始"口令时，开表计时，同时撤出托受试者躯干的手，当躯干下降至水平位时立即停表，记录其持续时间（秒）。

3. 注意

受试者躯干不得低于水平位，否则不计时。

4. 评价

持续时间越长，背肌耐力越好。

（三）双臂屈伸

1. 场地器材

高双杠。

2. 测量方法

调节两杠之间的距离至与受试者肩同宽。受试者双手握扛，然后跳起成直臂支撑。当身体下降至两肘成直角时，即用力撑起身体成直臂支撑。按此法做至力竭为止，计其正确完成动作的次数。测一次。

3. 要求

肘未成直角、手支撑时臂未伸直、撑起时收腹或蹬腿、身体不成直线等，均不计其次数。

4. 评价的标准

表 12-3-4 为双臂屈伸测验评价表。

表 12-3-4　双臂屈伸测验评价表

等级	成绩（次）
优	18 及以上
良	14~17
中	10~13
下	6~9
差	5 及以下

第四节　柔韧性评定

一、柔韧性概念

在体育科学中，柔韧性被定义为在不造成身体伤害的前提下，决定一个关节或一组关节最大活动范围的人体肌肉骨骼系统的特征。肌肉骨骼系统的这一特征可以通过两种生物力学测量方法来评估，因此，柔韧性区分为静态柔韧性和动态柔韧性。但是，这种静态柔韧性和动态柔韧性的区分与早期研究中的静态柔韧性和动态柔韧性概念有着本质的不同。

有关柔韧性的早期研究认为，柔韧性有静态和动态两种表达形式，从而使用静态和动态来区分这两种表达形式。由于动态柔韧性测试中所采用的反弹式（振摆式）伸展运动更多地与速度、协调性和力量有关，而不是柔韧性。因此，目前学术界已很少采用这一动态柔韧性概念。

（一）静态柔韧性

静态柔韧性指单关节或复关节的实际运动界限的线性或角度度量，即静态柔韧性度量的是一个关节或一组关节的运动范围。在实际测试中，静态柔韧性测量的界限是由受试者和测试者主观地定义的。大多数静态柔韧性测试，其动作的限度取决于受试者对伸展位置的耐受性。因此，静态柔韧性并不是柔韧性的真正客观的度量，而带有一定的主观性。此外，静态柔韧性的测量不仅受到环绕在被测量关节的肌肉-肌腱单元的伸展性限制，如直腿上举腿是一种被膝旁肌群伸展性限制了动作范围的柔韧性测试；而且，静态柔韧性的测量也受到与被测量关节相关关节状态的限制，如直腿上举时，大腿后肌群的长度限制屈髋，如果屈膝，髋关节就能进一步屈曲。因此，静态柔韧性的测量也与测量时所采用的动作有关。这些因素以及其他一些因素使得对动态柔韧性测量结果的解释变得相当复杂。

（二）动态柔韧性

动态柔韧性指放松肌肉被动伸展时张力或阻抗增加的速率。因此，动态柔韧性解释为在整个关节活动范围内伸展时的阻抗变化。动态柔韧性或肌肉拉伸到特定关节活动范围时出现的阻抗增加，可以用反映材料弹性的材料力学变量硬度来度量。组织的硬度通常用负荷-形变曲线的斜率来表示。与静态柔韧性相反，动态柔韧性的测量与对关节活动范围的限度的主观感觉无关。因此，动态柔韧性被认为是柔韧性更加客观的度量方法。由于动态柔韧性从本质上来说反映的是在关节活动范围限度内肌肉被动张力的增加，反映肌肉的黏弹性特征，因此动态柔韧性测量时的肌肉放松情况非常重要。

二、柔韧性测试

柔韧性是指人体的一个关节或者是一系列关节所能产生的动作幅度。良好的柔韧性可以有效地增强身体活动功能，降低训练过程中的受伤概率。柔韧性主要测试静止状态下躯干、腰、髋等关节能够达到的活动幅度，反映这些部位关节、韧带和肌肉的伸展性和弹性。

健康体适能的柔韧性指标与评定依据条件可分为两类：一类是简易测定与评价评定，采用简易工具测量关节的运动幅度，只能大致评价柔韧性的好坏、关节活动是否正常；另一类需要使用一定的仪器，可以精确测定关节活动的幅度，定量地描述柔韧性的程度。目前对于柔韧性的评价虽然可以用各种仪器对关节活动范围进行测量，但是用一些简单易行的方法对这一素质进行测定和评价，仍有重要实用价值。

对一般人来讲，柔韧性下降主要出现在躯干和下肢，坐位体前屈成为测定柔韧性适能的主要方法。随着年龄的增长，肩周炎的发病率增加，肩关节活动幅度的测定也将成为评价柔韧性适能的重要内容。

（一）坐位体前屈

1. 调试方法

坐位体前屈测定方法适用于各年龄人群，该项指标主要测试静止状态下的躯干前屈及下肢的柔韧性。

测试时，受试者坐在垫上，双腿伸直，脚跟并拢，脚尖自然分开，全脚掌蹬在测试仪平板上，然后掌心向下，双臂并拢平伸，上体前屈，用双手中指指尖推动游标平滑前移，直至不能移动为止。测试两次，取最大值，记录以厘米为单位，保留小数点后一位。

注意事项：测试前，受试者应做准备活动，以防肌肉拉伤；测试时，膝关节不得屈曲，不得有突然前推的动作。记录时，正确填写正负号。

2. 评价标准

柔韧性的评价原理仍然采取肌力/肌耐力的评测原理。最为常见的柔韧性评测方式，是利用坐位体前屈的评测方式，通过对大腿后侧肌群及下背部肌群的伸展程度评测，来反映整个人体柔韧水平的高低。柔韧性的高低也受到性别、年龄等因素的影响，因此不同性别、不同年龄段的人会有不同标准。

（二）肩关节运动幅度测定与评价

取仰卧位，去枕头。要求被测者肩关节尽量屈曲，如果能将上肢平放于床面，上臂贴近耳侧，说明肩关节屈曲、外展正常。

取坐或站立位，如果手可以摸到颈后，说明肩关节外旋功能基本正常；如果向后可以摸到对侧的肩胛骨，说明肩关节内旋功能基本正常。

（三）颈部运动幅度测定与评价

取坐位，背部紧靠椅背。尽量低头、抬头、左右转头、左右侧倾。理想幅度为低头时下颌可贴近胸部，抬头时可看到后上方天花板，侧倾时耳朵可接近肩部，转头时下颌可转至肩头的方向。测量时固定躯干，可令受试者坐在一个有垂直靠背的椅子上，臀部尽量向后，两肩靠在椅背上，两上肢放在体侧，两脚固定在椅子腿的后方。采用这样的测试体位，可以限制身体其他部位的运动，较准确地测定颈部向各方向的活动幅度。

（四）肘关节运动幅度测定与评价

坐在桌旁，将上肢平放于桌面，掌心向上，如果手背能接触桌面，说明伸肘的活动度正常；如果屈肘，手指能接触到同侧的肩部，说明屈肘的活动度基本正常。

（五）髋关节运动幅度测定与评价

取仰卧位，抬起一侧下肢，膝关节伸直。如果受试者的下肢能到垂直位，说明髋关节的柔韧性正常。

（六）膝关节运动幅度测定与评价

俯卧于床上，两脚伸出床外。小腿远端如果可以平放于床边，说明伸膝功能正常。膝关节有功能障碍者，可进一步观察两足跟是否同高，足跟较高的一侧，膝关节有伸膝功能障碍。

（七）踝关节运动幅度测定与评价

取坐位，两腿伸直，踝关节尽量弯曲、背屈，观察踝关节活动幅度。

第十三章　身体机能评定

第一节　心肺机能评定

心肺机能测评常用的指标是心率和血压。因其测量方法简单易行，又能客观地反映心脏和血管的机能水平，所以是训练过程中了解训练的量和强度对学员身体的影响，以及评价学员的训练水平和训练后恢复状况的重要指标。

一、台阶试验

台阶试验是评定心肺适能的主要方法。台阶试验主要是通过观察定量负荷所能持续运动的时间以及运动后心率恢复的速度来评定心肺耐力。

测试方法：台阶高度为男子 30 厘米、女子 25 厘米；上、下台阶频率为 30 次/分钟，连续重复 3 分钟。完成后，受试者立刻静坐在椅子上，测量并记录运动后 1 分钟 ~ 1 分钟 30 秒、2 分钟 ~ 2 分钟 30 秒、3 分钟 ~ 3 分钟 30 秒的 3 次脉搏数。如果受试者不能坚持运动 3 分钟，应立即停止运动，记录运动持续时间，并以同样的方法记录 3 次脉搏数。

将记录结果代入下列公式计算台阶指数。

台阶指数 =〔运动持续时间（秒）/（3 次测量脉搏之和×2）〕×100。

表 13-1-1 为男生台阶指数测验评价表。

表 13-1-1　男生台阶指数测验评价表

分数	成绩
1 分	42. 1 ~ 46. 1
2 分	46. 2 ~ 52. 0
3 分	52. 1 ~ 58. 0
4 分	58. 1 ~ 67. 6
5 分	>67. 6

二、心率（HR）

心率是心脏周期性机械活动的频率以及心脏每分钟搏动的次数，以次/分表示。心率可以用脉搏表示。常用的心率有基础心率、安静时心率、运动时心率和运动后心率。

（一）基础心率

清晨起床前空腹卧位心率为基础心率，一般较为稳定。基础心率随着训练年限的延长和训练水平的提高而减慢。基础心率突然加快往往提示有过度疲劳或疾病的存在。

（二）安静时心率

安静时心率变化有明显的个体差异。评定安静时心率时，应采用自身前后比较，多用于训练时的对照。

（三）运动时心率

训练时心率分为极限负荷心率（达180次/分上）、次极限负荷心率（170次/分左右）和一般负荷心率（120次/分左右）。运动时心率增加到最大限度时叫最大心率，最大心率随年龄增长而逐渐减少，一般用220减年龄估算最大心率。最大心率与安静时心率之差称为心搏频率储备，表示人体运动时心率可能增加的潜在能力。一般情况下，运动时心率的快慢与运动强度有关。强度越大，则心率越快。

（四）运动后心率

在运动结束后测量心率，运动后心率下降速度的快慢，反映学员训练后的身体机能的恢复情况，下降得越快则表示学员机能恢复功能越好。

三、血压

人体或动物的动脉血压都有相对的稳定性，其相对稳定性具有一定的生理意义。如果血压过低，供血量减少，不能满足身体组织的代谢需要，各组织可能因缺血、缺氧而引起各种疾病；如果血压过高，心室射血时所遇到的阻力过大，使心肌的负荷加重。

安静状态时，我国健康成人收缩压为90~140毫米汞柱，舒张压为60~120毫米汞柱。学员的血压水平一般和健康青年血压值相当。晨起、卧床血压较稳定，若安静血压比平时上升20%左右且持续两天，可视为身体机能下降或过度疲劳的表现。训练中血压的变化与运动强度有关，高强度训练后收缩压上升和舒张压下降明显，且恢复较快，表明身体机能良好。训练后收缩压明显上升、舒张压亦上升，或血压反应与强度刺激不一致、恢复时间延长等，说明机能状况不佳。

第二节　呼吸机能评定

呼吸系统的主要功能是与外界进行气体交换，排除二氧化碳，吸入氧气，在维持人体的新陈代谢过程中起着重要的作用。在运动中，最易体会的反应就是急促的呼吸。肺活量是用来恒量受试者有氧代谢工作能力的一项指标。肺活量指肺的静态气量，与呼吸深度有关，是不受时间限制的肺充气或排气的容量。肺活量主要反映呼吸机能的潜力。

（一）肺活量测试

1. 使用仪器

电子肺活量计。

2. 测量方法

测试人员打开电源开关，按开关键，当显示屏定格在"0"时，表明肺活量计已进入工作状态。测试人员首先将口嘴装在测试仪的进气口上交给受试者。令受试者预先做1~2次扩胸或深呼吸的准备动作，然后用手握住吹气嘴，做最大吸气，尽量补吸气后，对准口嘴向肺活量计内做最大的呼气。呼气时不宜过猛，也不要过促，气量适中，直至不能再呼气时为止。最后，显示屏上显示的数值即为肺活量值。测试2次，记录最大值，以毫升为单位，不计小数。

3. 注意事项

（1）测试应使用一次性口嘴。

（2）可试吹一次。

（3）测试人员要及时纠正受试者用鼻子呼气的错误动作。如果无法纠正，可让受试者带上鼻夹或用手捏住鼻子，防止鼻呼气。

（二）时间肺活量测试

以最大吸气后，在一定时间内能尽快呼出的气量为时间肺活量。一般前3秒尽力呼出的气体量，已占肺活量的97%~99%。因此常用前3秒内（第1秒、第2秒、第3秒）所呼出的气体量占肺活量的百分比来计算和分析。时间肺活量是一项测定呼吸机能有效的动态指标。

1. 使用仪器

改良式肺活量计或肺功量计、鼻夹。

2. 测试方法

受试者取站立位，口含与肺功量计相通的橡皮口嘴，夹上鼻夹。打开记纹鼓，鼓速为100毫米/分钟。令受试者做呼吸数次，然后做最大吸气后屏住气，加快鼓速为1500毫米/分钟。然后令受试者尽力最快地一口气呼出，根据描记在记录纸上时间肺活量曲线，可以计算出第1秒、第2秒、第3秒所呼出的气量。

（三）最大通气量测试

最大通气量指15秒内以尽可能快的频率做最深呼吸时，所能呼出的气体总量，将所得值乘以4，为1分钟的最大通气量。

1. 使用仪器

肺功量计、鼻夹。

2. 测量方法

测试方法基本同时间肺活量的测定。先令受试者在15秒做最快且深的呼吸，试测1~2次，受试者自认为已经适应了呼吸频率和呼吸深度后，再正式测定。根据曲线高度，计算15秒内呼出气体的总量，再乘以4，为每分钟肺最大通气量。

（四）运动负荷后5次肺活量实验

1. 使用仪器

肺活量计、秒表。

2. 测量方法

首先测量安静时的肺活量，然后进行运动负荷（30秒20次蹲起或1分钟台阶实验），运动结束后即刻测1~5分钟的肺活量。

3. 评定

运动负荷后5次值逐渐增加或保持安静时水平为机能良好；负荷后逐渐下降，第5分钟未恢复者为机能不良。

（五）肺活量的评价

1. 肺活量正常值

一般来说，男生肺活量为3500~4500毫升，女生为2500~3500毫升。

2. 肺活量相对值

（1）肺活量＝（肺活量实测值/肺活量推测值）×100

　　　男性肺活量推测值（毫升）＝（27.63−0.112×年龄）×身高

　　　女性肺活量推测值（毫升）＝（21.78−0.101×年龄）×身高

（2）时间肺活量1秒率：一种是与实测值进行比较，一种是与推测值进行比较。

与实测值相比：1秒率＝1秒量/肺活量实测值；

与推测值相比：1秒率＝1秒量/肺活量推测值。

第三节　神经系统机能评定

机体是由不同的器官和系统组成的，各器官和系统都有其特殊的功能。这些功能不是孤立的，而是互相影响、互相制约、互相协调地完成各种功能活动。机体历处的内、外环境是不断变化的，它必须通过调节系统对环境和变化迅速做出反应，使机体适应环境生存。神经系统是控制和协调全身各种功能活动的主要调节系统。学员神经系统机能常采用卧位-直立试验评定。

一、髌腱反射检查

1. 测量目的

检查神经反射功能。

2. 使用仪器

叩诊锤。

3. 测量方法

受试者端坐，屈膝垂足，用叩诊锤敲击股四头肌肌腱（膑尖下缘），观察小腿的反应。检查时两腿分别试验。

根据反射的程度可将结果分为四种：

（1）反射消失（—）——小腿完全没有活动。

（2）反射微弱（＋）——小腿稍有伸展。

（3）反射中等（＋＋）——小腿伸展15~20°。

（4）反射亢进（＋＋＋）——小腿强烈伸展，可完全伸直。

4. 评价

疲劳或尚未恢复时，反射减弱或消失；过度疲劳时，反射明显减弱或消失。

二、直立-卧位试验

1. 测量目的

反映交感神经和副交感神经迅速转换协调的能力。

2. 使用仪器

秒表。

3. 测量方法

直立时，测1分钟HR；再令受试者仰卧床上隔15秒后，测1分钟HR。

4. 评价

（1）卧位时比直立时 HR 减少 6~10 次为副交感神经兴奋性正常。

（2）卧位时比直立时 HR 减少 10 次以上表示副交感神经兴奋性增强。

（3）卧位时比直立时减少 6 次以下表示副交感神经兴奋性减弱。

三、卧位-直立试验

1. 测量目的

反映交感神经和副交感神经迅速转换协调的能力。

2. 使用仪器

秒表。

3. 测量方法

令受试者安静卧床 2~3 分钟，卧位时测 1 分钟 HR；再令受试者站立，立即测 1 分钟 HR。

4. 评价

（1）直立时比卧位时 HR 增加 12~18 次为交感神经兴奋性正常。

（2）直立时比卧位时 HR 增加 18 次以上表示交感神经兴奋性增强。

（3）直立时比卧位时 HR 增加 12 次以下表示交感神经兴奋性减弱。

身体训练程度好的学员，由卧位转直立位时，脉搏增加不明显。

第四节　感觉机能评定

人的感觉机能对完成运动动作具有重要意义，是提高运动能力的生理基础之一。测试感觉机能，可对运动能力做出客观的评价。

一、上肢定位测验

1. 测量目的

测定上肢运动感觉的精确再现能力（即位置感觉机能）。

2. 使用仪器

固定在墙上约 50 厘米长的垂直标尺、蒙眼布、记录表。

3. 测量方法

令受试者面对墙站立，单臂下垂，常用肢掌心向下正对标尺前平举，中指尖不能触及标尺，记录中指指尖所指的标尺高度，然后令其将臂抬高 30 厘米。如此反复练习数次，体会肌肉感觉。再将受试者双眼蒙住，重做上述动作，并以厘米为单位记录误差值（以抬高 30 厘米时中指所指的高度为准），不足 1 厘米不计。共测 3 次，取平均值为测定成绩。

4. 评价

均值越小表明上肢位置感觉机能越好。

二、感知跳跃距离测验

1. 测量目的

通过双足跳的用力程度来测量受试者的感知跳跃距离的动觉能力。

2. 测量三性

2 次测验的总和作为观测数，其可靠性系数为 0.44；测验次数增加至 10 次时，其可靠性系数为 0.61，客观性为 0.99。闭眼做此测验时，内容有效性可接受。

3. 场地器材

皮尺、粉笔、蒙眼布。起跳线和目标线之间的距离（跳距）为 61 厘米（可根据年龄适当调整跳距，由 61 厘米减至 46 厘米、38 厘米、30 厘米均可）。

4. 测量方法

测验前首先让受试者在不蒙眼的情况下练习 1~2 次，使其感知和体验两线之间的空间距离。然后令受试者蒙住双眼测验时，双足从起跳线的后缘（不准踩线）跳至目标线的前缘。要求双足跟尽量靠近目标线。每次测验后，可允许受试者观看足跟落地与目标线之间的距离，以求得信息反馈。每人测试 10 次，每次测量由目标线前缘至足跟落地点的距离。如两足跟不一致时，以远侧足跟为准，测量并记录距离，总距离越小越好。

5. 评价标准

评价标准见表 13-4-1。

表 13-4-1　感知跳跃测验评价表

等级	成绩（厘米）
差	21 及以上
中	20~8
优	7 及以下

三、平衡机能测评

平衡能力对完成各项动作非常重要。在体育运动中常用的平衡测量分静态平衡测量和动态平衡测量。静态平衡是指人体在静止条件下维持身体的稳定姿势；动态平衡是指人体在运动条件下，维持身体的某种动作或姿势平衡。

（一）闭眼单脚站立测验

1. 测量目的

测量闭眼单足支撑时维持静态平衡的能力。

2. 场地器材

平坦地面、秒表。

3. 测量方法

受试者在地板或平地上，先用常用支撑脚站立，两手叉腰，非站立足抬起。然后闭上眼睛，测量维持平衡的时间。当受试者的支撑脚移动或抬起脚着地时，表明测试结束。共测 2 次，记录最佳成绩。

4. 注意事项

在测试过程中，受试者不能睁眼，测试人员要注意保护受试者。

（二）鹤立测验

1. 测量目的

测量受试者前脚掌支撑时的静态平衡能力。

2. 测量三性

可靠性系数为 0.87，客观性系数为 0.99，内容有效性可接受。

3. 场地器材

平坦地面、计时秒表。

4. 测量方法

以常用脚支撑，另一脚置于支撑脚的膝部内侧，两手叉腰。听到开始信号后，提踵，以前脚掌支撑。不可移动，足跟不能着地，尽量长时间地保持平衡。记录提踵至失去平衡的时间。测量 3 次，取最佳成绩。时间越长，平衡能力越好。

5. 评价标准

评价标准见表 13-4-2。

表 13-4-2　鹤立测验评价表

等级	成绩（秒）
优	51 及以上
良	37～50
中	15～36
下	5～14
差	0～4

（三）直线行走试验

1. 测量目的

测量受试者运动后的平衡能力。

2. 场地器材

平坦地面、转椅一把。

3. 测量方法

受试者静坐在转椅上、闭目、稍低头（约向前倾 30°）。测试人员沿逆时针方向匀速转动转椅，速度为 2 秒/周，共转 10 周。转满 10 周后立即令受试者睁眼、起立，并沿前方行走，尽力保持直线。测试人员观察并记录受试者偏离直线的距离。依偏离直线距离的大小进行评价。

4. 注意事项

（1）测试人员转动转椅时应保持匀速，不可出现加速旋转现象。

（2）受试者从转椅上站起时不要停顿，并按正常行走速度行走，不能奔跑。

（3）评价时，不仅要看最大一次的偏离距离，还应加上偏移的频率。

参考文献

［1］ 侯世科，王心，樊毫军. 卫勤应急保障概论［M］. 天津：天津科技翻译出版公司，2013.

［2］ 谭成清，李艳翎. 体能训练［M］. 长沙：湖南师范大学出版社，2012.

［3］ 杨世勇. 体能训练［M］. 北京：人民体育出版社，2012.

［4］ 王向宏. 体能训练理论与方法［M］. 北京：北京航空航天大学出版社，2010.

［5］ 赵琦. 体能训练理论与方法［M］. 南京：东南大学出版社，2018.

［6］ 柯强. 辅助教学法在单杠"卷身上"训练中的运用［J］. 军事体育学报，2017，36（3）.

［7］ 王淑清，卢文秋. 单杠［M］. 长春：吉林出版集团有限责任公司，2008.

［8］ 任力，柳梅. 体能训练指南［M］. 乌鲁木齐：新疆科学技术出版社，2009：37.

［9］ 西安体育学院体操教研室. 单杠［M］. 陕西：陕西人民出版社，1973：52.

［10］ 孟国荣，张华，李士荣. 基础体能训练方法解析［M］. 哈尔滨：哈尔滨地图出版社，2009.

［11］ 李祥. 男子体操二级双杠规定动作辅助练习研究［D］. 成都体育学院，2019.

［12］ 王敏. 男子体操三级（单杠）规定动作教法研究［D］. 成都体育学院，2017.

［13］ 熊洁. 对高校男子体操专项训练大纲动作正迁移的运用研究［D］. 北京体育大学，2016.

［14］ 李思顺. 双杠挂臂屈伸上教学教法实验研究［D］. 华中师范大学，2005.

［15］ 王伯华. 单杠骑撑前回环三步教学法［J］. 辽宁体育，1988（6）.

［16］ 李赓，李静施，曹玉萍. 军事融合背景下竞技体育体能训练方法在军人体能训练中的应用［J］. 中国体育科技，2019，55（8）.

［17］《军队军事体育训练改革研究论证》课题组. 关于推进我军军事体育训练改革的研究［J］. 军事体育学报，2015，34（1）.

［18］ 康悦. 家庭科学健身养生圣典［M］. 呼和浩特：内蒙古人民出版社，2000.

［19］ 董明. 提高学生仰卧起坐技能的教学研究［J］. 中国学校体育，2014（5）.

［20］ 张小军，徐大鹏. 家庭小器械健身手册［M］. 北京：金盾出版社，2013.

［21］ 沈勋章. 全民健身处方大全［M］. 上海：上海科学技术文献出版社，2002.

［22］ 张巧，曾白琳. 形体实用教学与训练［M］. 北京：现代教育出版社，2013.

［23］ 皮葳. 高校学生体质健康实用学习指导［M］. 武汉：中国地质大学出版社，2016.

［24］ 赵春英. 趣味体能与体育游戏［M］. 天津：天津科学技术出版社，2014.

［25］ 赵健. 男人：哑铃速效健身塑形138式［M］. 福州：福建科学技术出版社，2015.

［26］ 吴振巍. 普拉提 从入门到精进［M］. 北京：北京理工大学出版社，2016.

［27］ 马永红. 中长跑训练实践与研究［M］. 西安：西北大学出版社，2003.

［28］ 解翠英，刘宇晶，韩春涛. 田径训练指南［M］. 哈尔滨：哈尔滨地图出版社，2006.

［29］ 于少勇，白光斌，刘建锋. 大学体育［M］. 西安：西安电子科技大学出版社，2013.

［30］ 佟春雨. 国防生体能训练与军事体育［M］. 哈尔滨：黑龙江人民出版社，2017.

［31］ 王开英，张振. 现代中长跑训练［M］. 北京：高等教育出版社，1994.

［32］ 任文龙，郭建荣. 军事体育训练教程［M］. 西安：西北工业大学出版社，2008.

［33］ 美国田径运动协会. 美国田径训练指南［M］. 刘江南，等，译. 北京：人民体育出版社，2002.

［34］ 张英波. 现代速度和耐力训练方法［M］. 北京：北京体育大学出版社，2006.

［35］李晓东. 现代中长跑运动科学训练方法［M］. 长沙：湖南人民出版社，2008.

［36］车晓波. 速度与灵敏性训练 118 例［M］. 上海：复旦大学出版社，2013.

［37］孟刚. 田径［M］. 北京：北京师范大学出版社，2011.

［38］刘同员. 体育健身原理与方法［M］. 武汉：湖北科学技术出版社，2008.

［39］曾理，曾洪林，李治. 高校体能训练理论与训练教学指南［M］. 北京：新华出版社，2018.

［40］龙春生. 体能训练法［M］. 沈阳：辽宁大学出版社，2009.

［41］黄坚. 阻力伞在学员短跑训练中的运用研究［J］. 体育世界（学术版），2019（6）.

［42］吴钦燕. 提高五米三向折返跑成绩的六要素［J］. 田径，2015（9）.

［43］王琨. 体育运动训练阻力伞的研制［J］. 西安体育学院学报，1999（2）.

［44］陆霞. 田径教学训练中体能训练的技巧探究——评《田径运动体能训练》［J］. 中国教育学刊，2019（12）.

［45］林仰硕，牛文君，丁伟. 集体球类项目反应灵敏性研究：问题·机制·测试·训练［J］. 福建师范大学学报（自然科学版），2017，33（4）.

［46］赵西堂，张玉宝，葛春林. 运动灵敏素质理论与方法研究进展［J］. 首都体育学院学报，2015，27（3）.

［47］赵西堂，李晓琨，葛春林. 运动灵敏素质影响因素研究进展［J］. 体育学刊，2014，21（4）.

［48］吴敏，李明军，孙轲，等. 大学身体素质练习发展中的实验研究［J］. 思想战线，2011，37（S1）.

［49］侯尧曦. 陆军某部炮兵战士体能训练计划与手段的研究［D］. 北京体育大学，2019.

［50］巩平，倪靖，贾卫. 军事基础训练教学指导［M］. 南京：东南大学出版社，2015.

［51］任勇. 体育运动专项素质训练［M］. 哈尔滨：东北林业大学出版社，2003.

［52］张胜林，汪洋. 身体素质训练方法学［M］. 兰州：甘肃教育出版社，2008.

［53］朱丹，周海洋. 提升柔韧素质的训练方法［J］. 中国学校体育，2019（7）.

［54］苏正富. 爬绳（竿）练习的教学方法［J］. 学校体育，1997（3）.

［55］廖建国，理同新. 定向培养直招士官军事体育训练教程［M］. 北京：中国原子能出版社，2017.

［56］王文胜，林建棣. 军事与体育训练科学化探索［M］. 广州：华南理工大学出版社，1996.

［57］佟春雨. 国防生体能训练与军事体育［M］. 哈尔滨：黑龙江人民出版社，2017.

［58］朱光辉. 军事体育［M］. 昆明：云南人民出版社，2006.

［59］韩春远. 攀岩技巧与训练［M］. 广州：华南理工大学出版社，2009.

［60］郭岩，余锋，左昌斌. 实用体能训练指南［M］. 北京：中国书籍出版社，2018.

［61］耿建华. 体能训练理论与方法［M］. 西安：陕西师范大学出版社，2013.

［62］康利则，马海涛. 体能训练理论与方法［M］. 西安：陕西人民出版社，2011.

［63］刘书元. 警察体能训练［M］. 北京：中国人民公安大学出版社，2009.

［64］沈建国，施兰平. 健康体适能［M］. 杭州：浙江工商大学出版社，2013.

［65］沈华. 体适能与运动处方［M］. 成都：四川大学出版社，2008.

［66］裴琴儿. 健康体适能理论与实践［M］. 徐州：中国矿业大学出版社，2010.

［67］郎朝春. 健康体适能与运动处方［M］. 北京：北京理工大学出版社，2013.

［68］陈佩杰，王人卫，胡琪琛，等. 体适能评定理论与方法［M］. 哈尔滨：黑龙江科学技术出版社，2005.